审计模拟实训

主编 李焱 唐湘娟
副主编 陆小英 贾忠秋 胡英
参编 胡智琦 周小妮

广东高等教育出版社
Guangdong Higher Education Press
·广州·

内 容 简 介

本书通过模拟某公司一个月的财务数据,包括期初数据、相关业务发生的原始凭证、记账凭证、完整的账簿资料、会计报表等,让学生根据所学的知识填制正确的工作底稿、编制调整分类工作底稿、重新编制会计报表和出具审计报告。

本模拟实训设计,有目的地设置实训目标,让学生将审计课程的专业知识运用到实际工作中,增强学生对审计专业知识的理解和运用能力,为以后从事审计工作打下坚实的基础。

本书适合高职、本科会计专业学生使用,也适合社会在职人员自学使用。

图书在版编目(CIP)数据

审计模拟实训/李焱,唐湘娟主编. —广州:广东高等教育出版社,2022.8
ISBN 978 – 7 – 5361 – 7265 – 4

Ⅰ.①审… Ⅱ.①李… ②唐 Ⅲ.①审计学 – 教材 Ⅳ.①F239.0

中国版本图书馆 CIP 数据核字(2022)第 109921 号

出版发行	广东高等教育出版社
	地址:广州市天河区林和西横路
	邮政编码:510500 电话:(020) 85250745
	http://www.gdgjs.com.cn
印 刷	广州市友盛彩印有限公司
开 本	880 毫米 × 1 194 毫米 1/16
印 张	13.5
字 数	447 千
版 次	2022 年 8 月第 1 版
印 次	2022 年 8 月第 1 次印刷
定 价	49.80 元

前　言

作为从事审计教学的教师，多年来听到学生反馈审计难学的情况不计其数，这让我们内心极其不安。明明教师精心备课，认真讲授，最后学生学完了还是觉得没学好，审计操作无从下手，这是为什么？究其原因，就是学生学习了审计理论知识，缺乏实践的操作，无法更好地把理论知识运用到实践操作中，从而巩固所学的学科知识。针对这些情况，我们认为编写一本配套审计课程使用的《审计模拟实训》教材非常有必要。经过与各位老师的深入沟通，大家积极搜集资料，不断总结经验，广泛地积累素材，终于完成了本书的编写。

本书具有以下特色：

1. 会计资料按最新标准呈现

本书根据最新的注册会计师审计准则编写，被审计单位资料完全按照最新的企业会计准则进行设计，相关会计凭证、会计记录等均采用最新标准格式。这些资料按最新的标准呈现，让学生的学习与时俱进，紧跟前沿信息。

2. 真实审计体验

本书创设仿真的审计氛围，模拟会计师事务所审计的全过程，同时使用事务所审计工作应用的审计程序表和审计工作底稿，所有资料全部无差别地呈现在本书中，使学生真实地进入审计情境。从最初的签订审计业务约定书开始，到运用相关审计程序（检查记录和文件、检查有形资产、观察、查询及函证、重新计算、分析性程序等）对所提供的财务数据，包括所发生的经济业务相关原始单证、记账凭证、各种明细账、总账、资产负债表和利润表等进行审核，并及时地发现相关财务处理存在的问题，然后完成审计工作底稿的填制工作，到最后出具审计报告等，整个过程有如在会计师事务所工作一般。

3. 有限的篇幅承载大量有用的信息

对一个公司财务进行审计，大家都知道会有大量的信息资料，为了更好地呈现各项业务情况，我们将审计程序表和工作底稿采用数字资源的形式，在书中相应位置嵌入二维码供学生扫描下载使用，将腾出的位置让给审计模拟实训的核心内容，即让位于所模拟的被审计单位的基本会计资料。

本书第一部分"审计模拟实训指导"由唐湘娟（广州铁路职业技术学院）负责编写；第二部分"审计模拟实训基本资料"和第三部分"审计模拟实训基本会计资料"由李焱（广

州科技贸易职业学院）负责编写；第四部分"审计工作底稿"由陆小英（广州市社会科学院）负责整理编写；第五部分"审计报告及重新编制的会计报表模板"由贾忠秋（广州科技贸易职业学院）负责编写；第六部分"模拟实训部分参考答案"由胡英（广州科技贸易职业学院）负责编写；周小妮（广州科技贸易职业学院）、胡智琦（广州科技贸易职业学院）进行了部分审核工作。本书的筹划和总体审核工作由李焱负责。

由于编者水平有限，书中难免存在一些不足之处，衷心接受各位读者的批评和建议。联系方式：liyan5903@126.com。

编　者

2022年于广州

目 录

第一部分　审计模拟实训指导 …………………………………………………………（1）
　一、实训目的 ……………………………………………………………………………（1）
　二、实训内容 ……………………………………………………………………………（1）
　三、实训步骤 ……………………………………………………………………………（1）
　四、实训说明 ……………………………………………………………………………（1）

第二部分　审计模拟实训基本资料 ……………………………………………………（2）
　一、被审计公司基本情况 ………………………………………………………………（2）
　二、会计师事务所相关资料 ……………………………………………………………（2）
　三、签订审计业务约定书 ………………………………………………………………（2）
　四、项目审计安排 ………………………………………………………………………（4）

第三部分　审计模拟实训基本会计资料 ………………………………………………（5）
　一、公司各经济业务原始单证及会计分录 ……………………………………………（5）
　二、公司各会计科目明细分类账和总分类账 …………………………………………（78）
　三、公司1月份的利润表和资产负债表 ………………………………………………（167）

第四部分　审计工作底稿 ………………………………………………………………（169）
　一、审计标识及其说明 …………………………………………………………………（169）
　二、审计工作底稿索引及工作底稿模板 ………………………………………………（169）
　三、审核表 ………………………………………………………………………………（195）

第五部分　审计报告及重新编制的会计报表模板 ……………………………………（196）
　一、审计报告模板 ………………………………………………………………………（196）
　二、重新编制的资产负债表模板 ………………………………………………………（198）
　三、重新编制的利润表模板 ……………………………………………………………（198）

第六部分　模拟实训部分参考答案 ……………………………………………………（200）

第一部分　审计模拟实训指导

一、实训目的

本次实训的主要目的是让学生充分运用已经学过的财务会计实务、成本会计、纳税实务等专业知识，对所提供的企业模拟财务资料进行审核，按照审计专业知识要求，填制相关工作底稿，重新编制会计报表，模拟出具审计报告，将审计课程的专业知识运用到实际工作实践中，增强学生对审计专业知识的理解能力和运用能力，为以后从事审计工作打下坚实的基础。

二、实训内容

本次实训中，学生模拟注册会计师的身份，对某企业一个月的完整经济业务资料，包括原始凭证、记账凭证、明细账和总账、会计报表等会计资料进行审计。运用相关审计程序（检查记录和文件、检查有形资产、观察、查询及函证、重新计算、分析性程序等）对所提供的模拟财务数据进行审核，并及时发现相关财务处理存在的问题，然后完成审计工作底稿的填制工作，为出具模拟审计报告收集充分的审计证据。

三、实训步骤

本次模拟实训，主要操作步骤如下：
（1）模拟会计师事务所与被审计企业签订审计业务约定书。
（2）模拟制订审计计划和做好审计人员分工。
（3）模拟注册会计师对被审计企业所提供的会计资料采用相关的审计程序和方法进行审核，并填制相应的审计工作底稿。
（4）模拟注册会计师抽取一定的应收账款明细余额，采用相应的函证方式进行企业询证函。
（5）编制经审计后的资产负债表和利润表。
（6）提交正式审计报告。

四、实训说明

本模拟实训资料主要由两大部分组成：被审计单位基本会计资料和审计工作底稿。由于受篇幅所限，被审计单位的会计资料只提供一个月的资料，因此只模拟月度审计。在进行实训操作时，教师可指导学生以"月"当"年"，实践审计流程。

第二部分　审计模拟实训基本资料

一、被审计公司基本情况

公司名称：广东南村实业股份有限公司。公司注册地址：广州市一新路1号。公司法人代表：张敏。公司开户银行：中国工商银行天河支行，开户账号：6276 – 6532 – 9875 – 12。公司统一社会信用代码：9765 – 7698 – 1245 – 4357 – 78。

二、会计师事务所相关资料

会计师事务所名称：广州穗华会计师事务所。事务所地址：广州大道中1862号同创大厦2402房；邮编：512436；所长：王成华。

三、签订审计业务约定书

广东南村实业股份有限公司于2021年2月5日同广州穗华会计师事务所达成相关审计协议，并于当日签订了正式的审计业务约定书。该审计业务约定书的主要内容有：

（1）委托广州穗华会计师事务所对广东南村实业股份有限公司2021年1月31日的资产负债表和2021年1月的利润表进行审计，并于2月27日前出具审计报告。

（2）该项审计业务的审计费用为4 500元整（含税金额）。

（3）广州穗华会计师事务所计划于2021年2月22日将审计报告的初稿提交给广东南村实业股份有限公司管理当局，广东南村实业股份有限公司管理当局计划于2月25日签署2021年1月的会计报表。

（4）广东南村实业股份有限公司管理当局表示，对会计师事务所在审计过程中所发现的问题，公司财务部门会根据会计师事务所的要求进行全部账务调整。

（5）被审计单位于2021年2月8日前按要求提供所需要的全部资料。

审计业务约定书模板见下页。

审计业务约定书

甲方：
乙方：
兹由甲方委托乙方对　　　　　　　会计报表进行审计，经双方协商，达成以下约定。

一、业务范围及目的

1. 乙方接受甲方委托，对甲方　　年　月　日的资产负债表和　　年　月的利润表进行审计。
2. 乙方将根据中国注册会计师独立审计准则，对甲方的内部控制制度进行研究和评价，对会计记录进行必要的抽查，以及在当时情况下乙方认为必要的其他审计程序，并在此基础上对上述会计报表的合法性、公允性及会计处理方法的一贯性发表审计意见。

二、甲方的责任及义务

（一）甲方的责任

甲方应建立健全内部控制制度，保护资产的安全完整，保证会计资料的真实、合法、完整，保证会计报表充分披露有关的信息。

（二）甲方的义务

1. 及时为乙方的审计工作提供其所要求的全部会计资料和其他资料。
2. 为乙方派出的有关工作人员提供必要的工作条件和协助，具体事项将由乙方工作人员于工作开始前提供清单。
3. 按本约定书之规定及时足额支付审计费用。
4. 在　　年　月　日前提供审计所需要的全部资料。

三、乙方的责任及义务

（一）乙方的责任

1. 乙方按照中国独立审计准则的要求进行审计，出具审计报告，保证审计报告的真实性、合法性。
2. 由于注册会计师审计采取事后重点抽查的方法，加上甲方内部控制制度固有的局限性和其他客观性因素制约，不可避免地存在着某些重大错误在审计后可能仍然未被乙方发现的风险。

（二）乙方的义务

1. 按照约定时间完成审计业务，出具审计报告。
2. 对执行业务过程知悉的甲方商业秘密严加保密。除非中国注册会计师协会执业准则另有规定，或经甲方同意，乙方不得将其知悉的商业秘密和甲方提供的资料对外泄露。
3. 甲方工作结束后，乙方根据情况对甲方会计处理、内部控制制度及其他事项提出改进意见。
4. 在　　年　月　日之前出具审计报告。

四、审计收费

本次审计服务的收费是按照乙方实际参加本项审计业务的各级职别工作人员所耗时间计费，预计人民币　　　　元。

如因审计工作遇到重大问题，致使乙方实际花费审计工作时间有大幅度的增加，甲方应在了解实际情况后，酌情调增审计费用。

五、审计报告的使用责任

乙方向甲方提供审计报告一式　　份，这些报告由甲方分发、使用，使用不当的责任与乙方无关。

六、约定书的有效期间

本约定书一式两份，甲乙双方各执一份，并具有同等法律效力，本约定自　　年　月　日起生效，并在本约定事项全部完成____日之前有效。

七、约定事项变更

如果出现不可预见的情况，影响审计工作如期完成，或需提前出具审计报告，甲乙双方可要求变更约定事项，但应及时通知对方，并由双方协商解决。

八、违约责任

甲乙双方按照《中华人民共和国经济合同法》的规定承担违约责任。

九、甲乙双方对其他有关事项的约定

甲方：　　　　　　　　　　　　　　　乙方：
法人代表（签章）　　　　　　　　　　法人代表（签章）
　年　月　日　　　　　　　　　　　　　年　月　日

四、项目审计安排

（一）项目审计时间安排

公司和事务所双方签订约定书后，广州穗华会计师事务所着手安排审计工作的时间，具体审计工作时间安排如下。

审计工作时间安排

序号	时间	工作内容
1	2021 年 2 月 6—8 日	要求被审计单位准备相关审计资料，项目经理制订整体审计计划
2	2021 年 2 月 9—15 日	进驻被审计单位进行外勤审计工作
3	2021 年 2 月 16—19 日	整理工作底稿，编写审计报告初稿
4	2021 年 2 月 20—21 日	对该项目审计工作底稿和审计报告进行最后复核
5	2021 年 2 月 22 日	向被审计单位管理当局提交审计报告初稿
6	2021 年 2 月 26 日	向被审计单位管理当局提交正式审计报告

（二）项目审计人员构成及分工

会计师事务所对此次项目审计人员也做了具体分工，如下：

审计人员构成及分工

序号	姓名	职务	工作职责
1	张成祥	项目经理、注册会计师	二级复核、制订整体工作计划、进行相关沟通和协调工作
2	胡中华	注册会计师	进行现场审计，获取相关审计证据，填制相关工作底稿
3	汪强	注册会计师	进行现场审计，获取相关审计证据，填制相关工作底稿
4	高敏	审计助理	协助两个注册会计师的相关工作
5	张妍	审计助理	协助两个注册会计师的相关工作
6	王成华	所长、注册会计师	三级复核
7	李佳敏	注册会计师	一级复核

（三）审计报告提交时间

根据审计业务约定书的相关规定，正式的审计报告提交时间为 2021 年 2 月 27 日前。

第三部分　审计模拟实训基本会计资料

一、公司各经济业务原始单证及会计分录

（一）公司基本生产情况

广东南村实业股份有限公司（以下简称"南实公司"）为一般工业性生产企业，公司生产的主要产品有甲产品和乙产品。基本生产车间主要有生产车间和装配车间，生产车间主要进行产品的生产，装配车间主要是进行产品的组装和质检。

（二）公司的成本核算方法

（1）该公司产品生产成本核算方法采用品种法。根据生产领料单计算甲产品和乙产品的直接材料成本。

（2）生产车间和装配车间的直接人工和制造费用由甲、乙两种产品共同承担。其中甲产品承担60%，乙产品承担40%。

（3）甲产品本月投产量为6 000个，完工入库5 000个，在产品为1 000个，在产品约当完工量为80%。乙产品投产量为5 000个，当月投产量全部完工，没有在产品。

（4）所有原材料在生产开始时一次性投入。

（三）采购原材料的核算方法

采购原材料的核算方法采用计划成本法。

（四）产品销售成本的结转方法

产品销售成本的结转方法采用月末一次加权平均法。

（五）销售产品的相关税种及税率

南实公司为一般纳税人，销售甲、乙产品需要缴纳增值税，税率为13%；缴纳消费税，税率为10%；城市维护建设税，税率为7%；教育费附加，税率为3%。企业所得税税率为20%。

（六）财务部人员构成

财务经理：胡端艳　　会计：钟婷　　出纳：张华　　总经理：张敏

（七）固定资产的折旧方法

固定资产的折旧采用年限平均法。剩余无形资产的金额在8年内摊完。

（八）公司期初相关资料

1. 广东南村实业股份有限公司2021年1月初有关会计科目余额表如下。

单位：元

会计科目	借方余额	会计科目	贷方余额
库存现金	25 000.00	短期借款——工行	2 540 000.00
银行存款——工行	1 343 105.58	应付票据——广州环球	58 500.00
交易性金融资产	6 000.00	应付账款——广州环球	234 000.00
应收票据——上海环球	156 000.00	应付账款——深圳永泰	468 000.00
应收账款——北方制造	82 000.00	预收账款	50 000.00
坏账准备	-600	应付职工薪酬——工资	869 012.44
预付账款	25 000.00	应交税费——城市维护建设税	5 000.00
其他应收款——王一	6 150.00	应交税费——教育费附加	2 142.85
库存商品	1 320 000.00	应交税费——未交增值税	125 089.00
原材料	970 000.00	其他应付款——陈二	8 940.00
材料成本差异	3 600.00	长期借款——农行	1 650 000.00
长期股权投资	24 500.00	股本	7 558 167.00
债权投资	36 000.00	资本公积	3 582.00
固定资产	9 664 000.00	盈余公积	41 626.00
累计折旧	-485 080.06	利润分配	259 616.23
在建工程——厂房	350 000.00		
工程物资	300 000.00		
无形资产	60 000.00		
累计摊销	-12 000.00		
资产总计	13 873 675.52	负债及所有者权益总计	13 873 675.52

2. 广东南村实业股份有限公司2021年1月1日固定资产资料如下。

单位：元

名称	使用状况	使用部门	类别	原值	残值率	使用年限	开始使用年限	月折旧额	累计折旧额	净值
厂房A	在用资产	生产车间	房屋	5 400 000.00	5%	40	2016/2/20	10 687.50	619 875.00	4 780 125.00
厂房B	在用资产	生产车间	房屋	1 106 900.00	-5%	40	2016/2/15	2 421.34	140 437.72	966 462.28
生产设备A	在用资产	生产车间	生产设备	250 000.00	1%	10	2019/2/15	2 062.50	45 375.00	204 625.00
小货车	在用资产	生产车间	汽车	12 600.00	5%	8	2019/2/10	124.69	2 743.18	9 856.82
小计				6 769 500.00				15 296.03	808 430.90	5 961 069.10
电脑A	在用资产	装配车间	电脑	5 000.00	0	5	2019/2/15	83.33	1 833.26	3 166.74
电脑B	在用资产	装配车间	电脑	4 000.00	0	5	2019/12/10	66.67	800.04	3 199.96
小计				9 000.00				150.00	2 633.30	6 366.70
电脑D	在用资产	销售部门	电脑	6 000.00	0	5	2019/2/18	100.00	1 200.00	4 800.00
小计				6 000.00				100.00	1 200.00	4 800.00

续上表

名称	使用状况	使用部门	类别	原值	残值率	使用年限	开始使用年限	月折旧额	累计折旧额	净值
电脑 C	在用资产	财务部门	电脑	16 000.00	0	5	2020/2/10	266.67	2 666.70	13 333.30
电脑 E	在用资产	财务部门	电脑	6 500.00	0	5	2020/8/11	108.33	433.32	6 066.68
打印机 A	在用资产	人力资源部门	打印机	12 000.00	5%	5	2020/2/15	190.00	1 900.00	10 100.00
办公大楼	在用资产	行政部门	房屋	2 600 000.00	5%	40	2016/2/12	5 145.83	298 458.14	2 301 541.86
小汽车 A	在用资产	工程开发部门	汽车	245 000.00	5%	10	2019/12/16	1 939.58	19 395.80	225 604.20
小计				2 879 500.00				7 650.41	322 853.96	2 556 646.04
合计				9 664 000.00				23 196.44	1 135 118.16	8 528 881.84

3. 广东南村实业股份有限公司 2021 年 1 月 1 日库存商品和原材料有关资料如下。

(1) 甲产品有关明细账如下：

计量单位：个

时间	摘要	收入			发出			结存		
		数量	单价	金额	数量	单价	金额	数量	单价	金额
1.1	期初余额							6 000	80.00	480 000.00

(2) 乙产品有关明细账如下：

计量单位：个

时间	摘要	收入			发出			结存		
		数量	单价	金额	数量	单价	金额	数量	单价	金额
1.1	期初余额							12 000	70.00	840 000.00

(3) 原材料 2021 年 1 月 1 日明细账如下：

单位：元

序号	名称	规格	计量单位	数量	实际单价	计划单价	实际金额	计划金额	材料成本差异
1	A 材料	X-1	个	15 000	20.30	20.00	304 500.00	300 000.00	4 500.00
2	B 材料	Y-1	个	13 000	30.20	30.00	392 600.00	390 000.00	2 600.00
3	C 材料	M-1	个	7 000	39.50	40.00	276 500.00	280 000.00	-3 500.00
	合计						973 600.00	970 000.00	3 600.00

（4）广东南村实业股份有限公司 2021 年 1 月 1 日预付账款期初余额明细表如下：

单位：元

序号	公司名称	方向	金额
1	广州威驰有限责任公司	借	25 000.00
2	广州中胜股份有限公司	贷	5 000.00
3	广州苏宁电器有限公司	借	5 000.00

（5）广东珠江股份有限公司 2021 年 1 月 1 日预收账款期初余额明细表如下：

单位：元

序号	公司名称	方向	金额
1	广州环球有限责任公司	贷	55 000.00
2	广州威盛有限责任公司	贷	5 000.00
3	广州国美电器有限公司	借	10 000.00

4．广东南村实业股份有限公司 2021 年 1 月 1 日工程物资明细表。

（1）钢材明细表如下：

计量单位：吨

时间	摘要	收入			发出			结存		
		数量	单价	金额	数量	单价	金额	数量	单价	金额
1.1	期初余额							40	2 500.00	100 000.00

（2）水泥明细表如下：

计量单位：吨

时间	摘要	收入			发出			结存		
		数量	单价	金额	数量	单价	金额	数量	单价	金额
1.1	期初余额							500	400.00	200 000.00

（九）2021年1月发生的经济业务

1.

<table>
<tr><td colspan="9">4400124160   广东增值税专用发票   No 40101809
记　账　联   开票日期：2021年01月01日</td></tr>
<tr><td rowspan="3">购买方</td><td colspan="4">名　　称：广州环球股份有限公司</td><td rowspan="3">密码区</td><td colspan="3">（略）</td></tr>
<tr><td colspan="4">纳税人识别号：4325 7654 1239 8704 89</td><td colspan="3"></td></tr>
<tr><td colspan="4">地址、电话：广州中成路16号　87500500
开户行及账号：工行天河支行　4321 7643 9876 65</td><td colspan="3"></td></tr>
<tr><td colspan="2">货物或应税劳务名称</td><td>规格型号</td><td>单位</td><td>数量</td><td>单价</td><td>金额</td><td>税率</td><td>税额</td></tr>
<tr><td colspan="2">甲产品</td><td>A－1</td><td>个</td><td>500.00</td><td>110.00</td><td>55 000.00</td><td>13%</td><td>7 150.00</td></tr>
<tr><td colspan="2">合　计</td><td></td><td></td><td></td><td></td><td>￥55 000.00</td><td></td><td>￥7 150.00</td></tr>
<tr><td colspan="2">价税合计（大写）</td><td colspan="4">⊗ 陆万贰仟壹佰伍拾元整</td><td colspan="3">（小写）￥62 150.00</td></tr>
<tr><td rowspan="3">销售方</td><td colspan="4">名　　称：广东南村实业股份有限公司</td><td rowspan="3">备注</td><td colspan="3" rowspan="3">广东南村实业股份有限公司
9765769812454357 78
发票专用章</td></tr>
<tr><td colspan="4">纳税人识别号：9765 7698 1245 4357 78</td></tr>
<tr><td colspan="4">地址、电话：广州市一新路1号
开户行及账号：工行天河支行　6276 6532 9875 12</td></tr>
<tr><td colspan="9">收款人：   复核：   开票人：   销售方：（章）</td></tr>
</table>

第一联：记账联　销售方记账凭证

广东南村实业股份有限公司出库单

部门：销售部   用途：产品销售   时间：1月1日   单号：

名称	规格	计量单位	数量	单价	总额	备注
甲产品	A－1	个	500			
合计			500			

制表：   仓管员：   物料经理：   财务经理：

中国工商银行支票存根

10203130
00208568

附加信息

购货

出票日期 2021年1月2日

收款人：

金　额：7 150.00

用　途：付货款余款

单位主管　　会计

中国工商银行 支票

10203130
00208568

出票日期（大写）贰零贰壹 年 零壹月零贰日
付款行名称：工行天河支行
收款人：广东南村实业股份有限公司
出票人账号：4321 7643 9876 65

人民币（大写）柒仟壹佰伍拾元整　　￥7 150 00

用途：

上列款项请从我账户内支付

出票人签章：张敏

密码：

行号：

复核　　记账

中国工商银行进账单（回单）　1

2021 年 1 月 2 日　　ⅩⅥ

付款人	全　称	广州环球股份有限公司	收款人	全　称	广东南村实业股份有限公司
	账　号	4321 7643 9876 65		账　号	6276 6532 9875 12
	开户银行	工行天河支行		开户银行	工行天河支行

金额	人民币（大写）柒仟壹佰伍拾元整	亿 千 百 十 万 千 百 十 元 角 分　￥7 1 5 0 0 0

| 票据种类 | | 票据张数 | |
| 票据号码 | | | |

开户银行签章：中国工商银行广州天河支行 2021.01.02 转讫

复核　　记账

借：银行存款——工行　　　　　　　　　　　7 150.00
　　预收账款——广州环球　　　　　　　　　55 000.00
　　贷：主营业务收入　　　　　　　　　　　55 000.00
　　　　应交税费——应交增值税——销项税额　7 150.00
借：税金及附加　　　　　　　　　　　　　　5 500.00
　　贷：应交税费——应交消费税　　　　　　5 500.00

2.

4400124161	广东增值税专用发票 记 账 联				No **40101801** 开票日期：2021 年 01 月 02 日		
购买方	名　　称：深圳圳泰股份有限公司 纳税人识别号：3325 7654 1239 5704 86 地址、电话：深圳南山路 66 号　86234567 开户行及账号：工行南路支行　6221 7643 0876 94				密码区	（略）	
货物或应税劳务名称	规格型号	单位	数量	单价	金额	税率	税额
甲产品	A－1	个	3 500.00	160.00	560 000.00	13%	72 800.00
合　计					￥560 000.00		￥72 800.00
价税合计（大写）	⊗ 陆拾叁万贰仟捌佰元整				（小写）￥632 800.00		
销售方	名　　称：广东南村实业股份有限公司 纳税人识别号：9765 7698 1245 4357 78 地址、电话：广州市一新路 1 号 开户行及账号：工行天河支行　6276 6532 9875 12				备注		

收款人：　　　　　　　复核：　　　　　　　开票人：　　　　　　　销售方：（章）

广东南村实业股份有限公司出库单

部门：销售部　　　　用途：产品销售　　　　时间：1 月 1 日　　　　单号：

名称	规格	计量单位	数量	单价	总额	备注
甲产品	A－1	个	3 500			
合计			3 500			

制表：　　　　仓管员：　　　　物料经理：　　　　财务经理：

借：应收账款——深圳圳泰　　　　　　　　　　632 800.00
　　贷：主营业务收入　　　　　　　　　　　　560 000.00
　　　　应交税费——应交增值税——销项税额　72 800.00
借：税金及附加　　　　　　　　　　　　　　　56 000.00
　　贷：应交税费——应交消费税　　　　　　　56 000.00

3.

4400124162	广东增值税专用发票			No 40101802		
	记 账 联			开票日期：2021 年 01 月 03 日		

购买方	名　　　称：上海泰昌股份有限公司 纳税人识别号：2325 7654 1239 6704 16 地址、电话：上海南京路 36 号　86512345 开户行及账号：工行南路支行　6721 6643 0876 87	密码区	（略）

货物或应税劳务名称	规格型号	单位	数量	单价	金额	税率	税额
乙产品	B－1	个	500.00	180.00	90 000.00	13%	11 700.00
合　计					￥90 000.00		￥11 700.00

价税合计（大写）	⊗ 壹拾万壹仟柒佰元整	（小写）￥101 700.00

销售方	名　　　称：广东南村实业股份有限公司 纳税人识别号：9765 7698 1245 4357 78 地址、电话：广州市一新路 1 号 开户行及账号：工行天河支行　6276 6532 9875 12	备注	

收款人：　　　　　　复核：　　　　　　开票人：　　　　　　销售方：（章）

广东南村实业股份有限公司出库单

部门：销售部　　　用途：产品销售　　　时间：1 月 1 日　　　单号：

名称	规格	计量单位	数量	单价	总额	备注
乙产品	B－1	个	500			
合计			3 500			

制表：　　　　　仓管员：　　　　　物料经理：　　　　　财务经理：

借：应收账款——上海泰昌　　　　　　　　　　　　　101 700.00
　　贷：主营业务收入　　　　　　　　　　　　　　　　90 000.00
　　　　应交税费——应交增值税——销项税额　　　　11 700.00
借：税金及附加　　　　　　　　　　　　　　　　　　9 000.00
　　贷：应交税费——应交消费税　　　　　　　　　　9 000.00

4.

借支单

部门（个人）：销售部　　　　　　　　　　2021 年 1 月 2 日

借款人	陈美华
借款事由	出差
人民币（大写）	叁仟元整　　小写：¥ 3 000.00
领导审批	现金付讫

借款人：陈美华　　　　　财务经理：胡端艳　　　　　总经理：张敏

借：其他应收款——陈美华　　　　　　　3 000.00
　贷：库存现金　　　　　　　　　　　　　　　　　3 000.00

5.

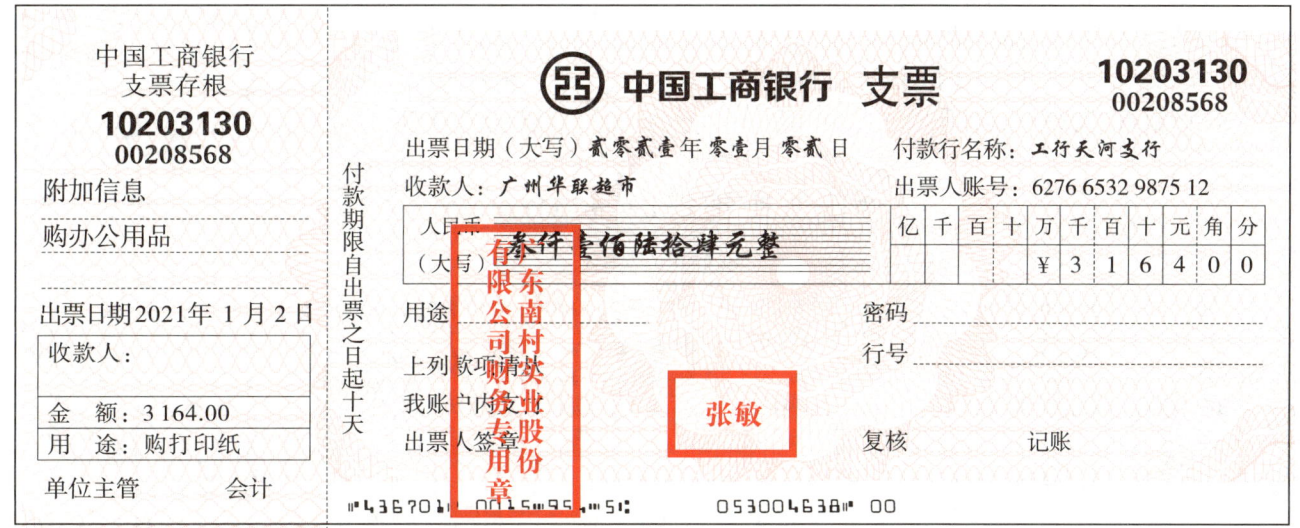

打印纸费用分配表

序号	部门	数量	计量单位	单价	金额/元	签字
1	财务部	2	箱	140.00	280.00	
2	生产车间	3	箱	140.00	420.00	
3	装配车间	3	箱	140.00	420.00	
4	总经理办	4	箱	140.00	560.00	
5	销售部	8	箱	140.00	1 120.00	
	合计				2 800.00	

制表：钟婷　　　　　　　　　　审核：胡端艳

借：管理费用——办公费　　　　　　　　　　　　　840.00
　　制造费用——生产车间——办公费　　　　　　　420.00
　　制造费用——装配车间——办公费　　　　　　　420.00
　　销售费用——办公费　　　　　　　　　　　　1 120.00
　　应交税费——应交增值税——进项税额　　　　　364.00
　贷：银行存款——工行　　　　　　　　　　　　3 164.00

6.

中国工商银行进账单（回单） 1

2021 年 1 月 5 日　　　　　　　　　　XⅥ

付款人	全称	上海环球股份有限公司	收款人	全称	广东南村实业股份有限公司
	账号	7654 1209 6543 76		账号	6276 6532 9875 12
	开户银行	农行黄埔支行		开户银行	工行天河支行

金额	人民币（大写）	壹拾伍万陆仟元整	亿	千	百	十	万	千	百	十	元	角	分
					¥	1	5	6	0	0	0	0	0

票据种类		票据张数	
票据号码			

复核　　　　　　　记账　　　　　　　开户银行签章

（中国农业银行上海黄埔支行 2021.01.05 转讫）

借：银行存款——工行　　　　　　　　　　　　156 000.00
　贷：应收票据——上海环球　　　　　　　　　156 000.00

7.

中国工商银行信汇凭证（回单）

2021 年 1 月 5 日　　　　　　　　　　　　　　　　　　　第××号

收款人	全称	广州环球股份有限公司			汇款人	全称	广东南村实业股份有限公司			
	账号	4321 7643 9876 65				账号	6276 6532 9875 12			
	汇入地点	广州	汇入行	天河支行		汇出地点	广州	汇出行	天河支行	

金额	（大写）伍万捌仟伍佰元整	百	十	万	千	百	十	元	角	分
				5	8	5	0	0	0	0

汇款用途：付到期票据款

汇出行盖章：中国工商银行广州天河支行 2021.01.05 转讫

　　　　　　　　　　　　　　　　　　年　月　日

中国工商银行业务收费凭证

币别：CNY　　2021 年 1 月 5 日　　流水号：×××

付款人			账号		
项目名称	工本费	手续费	电子汇划费		金额
		10.00			10.00
金额（大写）壹拾元整					10.00
付款方式：银行划扣					

（中国工商银行广州天河支行 2021.01.05 转讫）

借：应付票据——广州环球　　　　　　　　　58 500.00
　　财务费用——手续费　　　　　　　　　　　　10.00
　贷：银行存款——工行　　　　　　　　　　58 510.00

8.

广东增值税专用发票   No 40101804

4400124164   发票联   开票日期：2021 年 01 月 05 日

购买方	名称：广东南村实业股份有限公司 纳税人识别号：9765 7698 1245 4357 78 地址、电话：广州市一新路 1 号 开户行及账号：工行天河支行 6276 6532 9875 12	密码区	（略）

货物或应税劳务名称	规格型号	单位	数量	单价	金额	税率	税额
基础电信服务			1	1 200.00	1 200.00	9%	108.00
合 计					1 200.00		¥108.00

价税合计（大写） ⊗ 壹仟叁佰零捌元整   （小写）¥1 308.00

| 销售方 | 名称：中国电信广州股份有限公司
纳税人识别号：6543 7632 0989 6509 76
地址、电话：广州市中山路 8 号 86990287
开户行及账号：农行越秀支行 1234 5678 6540 13 | 备注 | （中国电信广州股份有限公司
12345678654013
发票专用章） |

收款人：郭华   复核：   开票人：王小丽   销售方：（章）

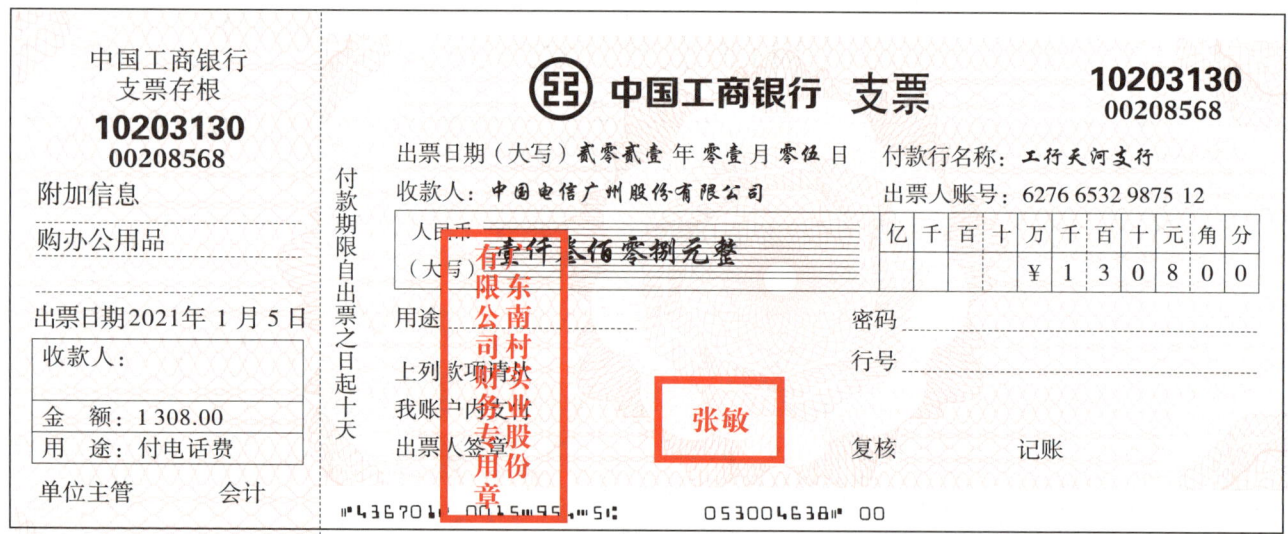

中国工商银行 支票存根
10203130
00208568

附加信息
购办公用品

出票日期 2021 年 1 月 5 日
收款人：
金 额：1 308.00
用 途：付电话费
单位主管   会计

1 月电话费用分配表

序号	部门	电话号码	分配金额/元	签字
1	财务部	89745632，89745633	85.00	
2	生产车间	89745634，89745635	229.00	
3	装配车间	22987653	216.00	
4	总经理办	34259876	160.00	
5	销售部	89745637，89745638，89745639	510.00	
	合计		1 200.00	

制表：钟婷   审核：胡瑞艳

借：管理费用——电话费　　　　　　　　　　　　　　245.00
　　销售费用——电话费　　　　　　　　　　　　　　510.00
　　制造费用——生产车间——电话费　　　　　　　　229.00
　　制造费用——装配车间——电话费　　　　　　　　216.00
　　应交税费——应交增值税——进项税额　　　　　　108.00
　贷：银行存款——工行　　　　　　　　　　　　　　1 308.00

9.

065A045175　　　　　　　　　　　　　　广州南 售

广 州 南 G2341 武 汉
Guangzhounan ——→ Wuhan

2021年1月2日　　13：10开　　02车028号

￥495.50

限乘当日当次车
×××
426501198706129874

065A045175　　　　　　　　　　　　　　武汉 售

武 汉 G2346 广 州 南
Wuhan ——→ Guangzhounan

2021年1月6日　　08：10开　　12车038号

￥495.50

限乘当日当次车
×××
426501198706129874

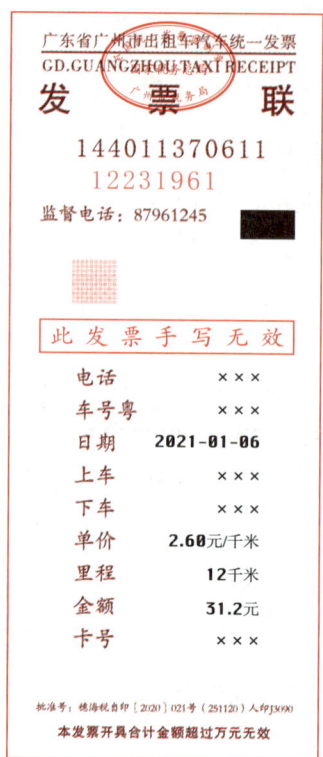

差旅费报销单

出差部门：市场销售部　　　　　　　　　　　　　　　　　　　2021 年 1 月 6 日

出差人：陈美华						出差事由：培训					
出发		到达		交通工具	交通费		出差补贴			其他项目	
月	日	地点	月	日	地点		单据张数	金额	天数	标准	金额	项目	单据张数	金额
									5	120.00		住宿费		
												市内车费	2	37.20
												其他		
小计											
合计人民币（大写）					现金付讫						

报销人：　　　　　会计：　　　　　部门主管：　　　　　财务经理：　　　　　总经理：

4400124165		湖北省增值税普通发票					No 40101805	
购买方	名称	广东南村实业股份有限公司			密码区		（略）	
	纳税人识别号	9765 7698 1245 4357 78						
	地址、电话	广州市一新路1号						
	开户行及账号	工行天河支行 6276 6532 9875 12						
货物或应税劳务名称	规格型号	单位	数量	单价	金额	税率	税额	
住宿费			5	260.00	1 300.00	6%	78.00	
合计					1 300.00		¥78.00	
价税合计（大写）		⊗壹仟叁佰柒拾捌元整			（小写）¥1 378.00			
销售方	名称	武汉市如家酒店管理有限公司			备注			
	纳税人识别号	4601 0018 7654 6750 34						
	地址、电话	武汉市武珞路8号 65489076						
	开户行及账号	农行武珞路支行 9834 5678 6540 18						

开票日期：2021年01月06日

收款人：林华　　复核：　　开票人：黄英　　销售方：（章）

借：销售费用——差旅费　　　　　　　3 006.20
　贷：库存现金　　　　　　　　　　　　6.20
　　　其他应收款——陈美华　　　　　3 000.00

10.

生产车间货车加油费

借：制造费用——生产车间——加油费　　200
　贷：库存现金　　　　　　　　　　　　200

11.

广东省广州市国家税务局通用机打发票

发票联

发票代码 144011620220
发票号码 00278846
机打号码 00278845 机器编号 499098941330
销售方名称 广州市白云区华德石化加油站有限公司
纳税人识别号 9765769812454357778
开票日期 2021-1-8 行业分类 商业
购买方名称 广东南村实业股份有限公司

项目	单价	数量	金额
95#汽油	5.60	35.71	200.00

合计金额（小写）200.00
合计金额（大写）贰佰元整
开票人 黄颖怡 开票单位（盖章）

总经理办小汽车加油费

借：管理费用——加油费　　　　　　　　　　　　200.00
　　贷：库存现金　　　　　　　　　　　　　　　　　　　　200.00

12. 财务部报销餐费

4400124166　　　　广东增值税普通发票　　　　No 40101806

发票联

开票日期：2021 年 01 月 01 日

购买方	名　　　称：广东南村实业股份有限公司 纳税人识别号：9765 7698 1245 4357 78 地址、电话：广州市一新路 1 号 开户行及账号：工行天河支行　6276 6532 9875 12	密码区	（略）

货物或应税劳务名称	规格型号	单位	数量	单价	金额	税率	税额
餐费			1	500.00	500.00	3%	15.00
合　计					￥500.00		￥15.00

价税合计（大写）　⊗ 伍佰壹拾伍元整　　　（小写）￥515.00

销售方	名　　　称：广州市聚诚酒店管理有限公司 纳税人识别号：6601 0018 7654 6750 38 地址、电话：广州市兴南路 56 号　54329876 开户行及账号：工行兴南路支行　9834 5678 6540 18	备注	

收款人：陈华　　　　复核：　　　　　开票人：曾燕　　　　销售方：（章）

借：管理费用——餐费　　　　　　　　　　　　515.00
　　贷：库存现金　　　　　　　　　　　　　　　　　　　　515.00

13. 生产车间报销餐费

    4400124167

    广东增值税专用发票　　No **40101807**

    发票联　　开票日期：2021 年 01 月 07 日

购买方	名　　称：广东南村实业股份有限公司 纳税人识别号：9765 7698 1245 4357 78 地址、电话：广州市一新路 1 号 开户行及账号：工行天河支行　6276 6532 9875 12				密码区	（略）	
货物或应税劳务名称	规格型号	单位	数量	单价	金额	税率	税额
餐费			1	800.00	800.00	6%	48.00
合　计					¥800.00		¥48.00
价税合计（大写）	⊗ 捌佰肆拾捌元整				（小写）¥848.00		
销售方	名　　称：广州市上渡餐饮管理有限公司 纳税人识别号：6601 0018 3250 6750 56 地址、电话：广州市兴业路 56 号　87659876 开户行及账号：工行兴南路支行　9834 6512 6540 22				备注		

收款人：陈美　　复核：　　开票人：胡琳　　销售方：（章）

借：制造费用—生产车间——餐费　　　　　　　　　800.00
　　应交税费——应交增值税——进项税额　　　　　 48.00
　　贷：库存现金　　　　　　　　　　　　　　　　848.00

14. 生产车间小货车保险费

    4400124168

    广东增值税普通发票　　No **40101808**

    发票联　　开票日期：2021 年 01 月 07 日

购买方	名　　称：广东南村实业股份有限公司 纳税人识别号：9765 7698 1245 4357 78 地址、电话：广州市一新路 1 号 开户行及账号：工行天河支行　6276 6532 9875 12				密码区	（略）	
货物或应税劳务名称	规格型号	单位	数量	单价	金额	税率	税额
商业保险			1	2 234.00	2 234.00	6%	134.04
合　计					¥2 234.00		¥134.04
价税合计（大写）	⊗ 贰仟叁佰陆拾捌元零肆分				（小写）¥2 368.04		
销售方	名　　称：广州市太平洋保险股份有限公司 纳税人识别号：8601 0018 3250 5418 01 地址、电话：广州市龙口西 786 号　65879876 开户行及账号：工行龙口西支行　9834 9512 8540 46				备注		

收款人：林雯　　复核：　　开票人：钟琳　　销售方：（章）

审计模拟实训

22

中国工商银行支票存根
10203130
00208568

附加信息：

出票日期 2021年1月7日
收款人：
金　额：2 368.04
用　途：购车辆保险
单位主管　　会计

中国工商银行 支票
10203130
00208568

出票日期（大写）贰零贰壹年零壹月零柒日　付款行名称：工行天河支行
收款人：广州市太平洋保险股份有限公司　出票人账号：6276 6532 9875 12

人民币（大写）贰仟叁佰陆拾捌元零肆分　¥ 2 368.04

用途：
上列款项请从我账户内支付
出票人签章：张敏
密码：
行号：
复核　　记账

借：制造费用——生产车间——车辆费用　　2 368.04
贷：银行存款——工行　　　　　　　　　　2 368.04

15.

4400124150　　**广东增值税专用发票**　　No 40101810

开票日期：2021年01月07日

购买方	名　称：广东南村实业股份有限公司 纳税人识别号：9765 7698 1245 4357 78 地址、电话：广州市一新路1号 开户行及账号：工行天河支行 6276 6532 9875 12				密码区	（略）	

货物或应税劳务名称	规格型号	单位	数量	单价	金额	税率	税额
A材料	X-1	个	2000	20.50	41 000.00	13%	5 330.00
合　计					¥41 000.00		¥5 330.00

价税合计（大写）　⊗ 肆万陆仟叁佰叁拾元整　　（小写）¥46 330.00

销售方	名　称：广州中达股份有限公司 纳税人识别号：8601 0018 3250 7818 65 地址、电话：广州市天源路126号　54587877 开户行及账号：建行天源路支行　9834 9534 8576 89	备注

收款人：陈诗婷　　复核：　　开票人：钟晓华　　销售方：（章）

入库单
2021年1月7日　　　　　　　　　　　单号：×××
部门：采购部　　用途：生产用料　　仓库：甲

编号	名称	规格	数量	单价	总额	备注
0001	A材料	X-1	2 000	20.00	40 000.00	
合计：肆万元整					40 000.00	

仓管员：　　　　　　　　仓库经理：

借：材料采购　　　　　　　　　　　　　　　　　　41 000.00
　　　应交税费——应交增值税——进项税额　　　　 5 330.00
　　贷：应付账款 ——中达公司　　　　　　　　　　46 330.00
借：原材料　　　　　　　　　　　　　　　　　　　40 000.00
　　　材料成本差异　　　　　　　　　　　　　　　 1 000.00
　　贷：材料采购　　　　　　　　　　　　　　　　41 000.00

16.

4400124151　　　　　　广东增值税专用发票　　　　　No 40101811

记　账　联　　　　　　　　　　　　　　　　　开票日期：2021 年 01 月 07 日

购买方	名　　称：广东南村实业股份有限公司 纳税人识别号：9765 7698 1245 4357 78 地址、电话：广州市一新路 1 号 开户行及账号：工行天河支行　6276 6532 9875 12	密码区	（略）

货物或应税劳务名称	规格型号	单位	数量	单价	金额	税率	税额
B 材料	Y－1	个	2 000.00	29.00	58 000.00	13%	7 540.00
合　计					￥58 000.00		￥7 540.00

价税合计（大写）	⊗ 陆万伍仟伍佰肆拾元整	（小写）￥65 540.00

销售方	名　　称：深圳永达股份有限公司 纳税人识别号：6601 2018 9250 7818 86 地址、电话：深圳天虹路 1 号　78587822 开户行及账号：建行天虹路支行　9837 9534 6576 08	备注	

收款人：胡志　　　　　　复核：　　　　　　　开票人：李晓　　　　　　销售方：（章）

入　库　单

2021 年 1 月 7 日　　　　　　　　　　　　　　　　　　单号：×××

部门：采购部　　　　　　　用途：生产用料　　　　　　　　仓库：甲

编号	名称	规格	数量	单价	总额	备注
0002	B 材料	Y－1	2000	30.00	60 000.00	
合计：陆万元整					60 000.00	

仓管员：　　　　　　　　　　仓库经理：

中国工商银行信汇凭证（回单）

2021 年 1 月 7 日　　第　　号

收款人	全称	深圳永达股份有限公司	汇款人	全称	广东南村实业股份有限公司
	账号	9837 9534 6576 08		账号	6276 6532 9875 12
	汇入地点	深圳	汇入行	建行天虹支行	汇出地点 广州　汇出行 天河支行

金额	（大写）陆万伍仟伍佰肆拾元整	百	十	万	千	百	十	元	角	分
				6	5	5	4	0	0	0

汇款用途：用于采购材料

汇出行盖章：中国工商银行广州天河支行 2021.01.07 转讫

单位主管：　　会计：　　记账：　　复核：

借：材料采购　　　　　　　　　　　　　　　　58 000.00
　　应交税费——应交增值税——进项税额　　　 7 540.00
　贷：银行存款——工行　　　　　　　　　　　65 540.00
借：原材料　　　　　　　　　　　　　　　　　60 000.00
　贷：材料采购　　　　　　　　　　　　　　　58 000.00
　　　材料成本差异　　　　　　　　　　　　　 2 000.00

17.

4400124152　　　　广东增值税专用发票　　　　No 40101812

开票日期：2021 年 01 月 07 日

购买方	名　　称：广东南村实业股份有限公司	密码区	（略）
	纳税人识别号：9765 7698 1245 4357 78		
	地址、电话：广州市一新路1号		
	开户行及账号：工行天河支行　6276 6532 9875 12		

货物或应税劳务名称	规格型号	单位	数量	单价	金额	税率	税额
C 材料	M-1	个	2000	39.00	78 000.00	13%	10 140.00
合　计					¥78 000.00		¥10 140.00

价税合计（大写）：⊗ 捌万捌仟壹佰肆拾元整　　　　（小写）¥88 140.00

销售方	名　　称：惠州东华股份有限公司	备注	8601541882507865657 发票专用章
	纳税人识别号：8601 5418 8250 7865 65		
	地址、电话：惠州市西湖路66号　22871276		
	开户行及账号：建行西湖路支行　5834 9534 8576 80		

收款人：钟婷　　　复核：　　　开票人：刘梅华　　　销售方：（章）

第一联：记账联　销售方记账凭证

入 库 单

2021 年 1 月 7 日　　　　　　　　　　　　　　单号：×××

部门：采购部　　　　　　用途：生产用料　　　　　　仓库：甲

编号	名称	规格	数量	单价	总额	备注
0003	C 材料	M-1	2 000	40.00	80 000.00	
合计：捌万元整					80 000.00	

仓管员：　　　　　　　　　　仓库经理：

中国工商银行承兑汇票

出票日期：贰零贰壹年零壹月零柒日

出票人	全称	广东南村实业股份有限公司	收款人	全称	惠州东华股份有限公司
	账号	6276 6532 9875 12		账号	5834 9534 8576 80
	开户行	工行天河支行		开户行	建行西湖路支行

出票金额	人民币（大写）捌万捌仟壹佰肆拾元整	十万	万	千	百	十	元	角	分
			8	8	1	4	0	0	0

| 汇票到期日（大写） | 贰零贰壹年零叁月零玖日 | 付款行 | 行号 | |
| | | | 地址 | |

| 承兑协议号 | | | | |

本汇票请你行承兑，到期无条件付款。　　　本汇票已经承兑，到期由本行付款。

【广东南村实业股份有限公司财务专用章】　　【中国工商银行天河支行 汇票专用章】

出票人签章：张敏　　　　　　　　承兑人签章：
　　　　　　　　　　　　　　　　承兑日期：　年　月　日　　记账：　　　复核：

借：材料采购　　　　　　　　　　　　　　　78 000.00
　　应交税费——应交增值税——进项税额　　10 140.00
　　贷：应付票据——惠州东华　　　　　　　88 140.00
借：原材料　　　　　　　　　　　　　　　　80 000.00
　　贷：材料采购　　　　　　　　　　　　　78 000.00
　　　　材料成本差异　　　　　　　　　　　 2 000.00

18.

广东增值税专用发票

4400124153 No 40101813

发票联

开票日期：2021 年 01 月 08 日

| 购买方 | 名　　　称：广东南村实业股份有限公司
纳税人识别号：9765 7698 1245 4357 78
地址、电话：广州市一新路1号
开户行及账号：工行天河支行　6276 6532 9875 12 | 密码区 | （略） |

货物或应税劳务名称	规格型号	单位	数量	单价	金额	税率	税额
C材料	M-1	个	3000	41.00	123 000.00	13%	15 990.00
合计					¥123 000.00		¥15 990.00

| 价税合计（大写） | ⊗ 壹拾叁万捌仟玖佰玖拾元整 | （小写）¥138 990.00 |

| 销售方 | 名　　　称：惠州东华股份有限公司
纳税人识别号：8601 5418 8250 7865 65
地址、电话：惠州市西湖路66号　22871276
开户行及账号：建行西湖路支行　5834 9534 8576 80 | 备注 | |

收款人：钟婷　　　复核：　　　开票人：刘梅华　　　销售方：（章）

入 库 单

2021 年 1 月 7 日

单号：×××

部门：采购部　　　用途：生产用料　　　仓库：甲

编号	名称	规格	数量	单价	总额	备注
0003	C材料	M-1	3 000	40.00	120 000.00	
合计：壹拾贰万元整					120 000.00	

仓管员：　　　　　　　　　仓库经理：

借：材料采购　　　　　　　　　　　　　　　123 000.00
　　应交税费——应交增值税——进项税额　　15 990.00
　　贷：应付账款——惠州东华　　　　　　　138 990.00
借：原材料　　　　　　　　　　　　　　　　120 000.00
　　材料成本差异　　　　　　　　　　　　　3 000.00
　　贷：材料采购　　　　　　　　　　　　　123 000.00

19.

广东增值税专用发票 No 40101814

4400124154 发票联

开票日期：2021 年 01 月 09 日

购买方	名称：广东南村实业股份有限公司 纳税人识别号：9765 7698 1245 4357 78 地址、电话：广州市一新路1号 开户行及账号：工行天河支行 6276 6532 9875 12	密码区	（略）

货物或应税劳务名称	规格型号	单位	数量	单价	金额	税率	税额
C 材料	M-1	个	3 000	41.00	123 000.00	13%	15 990.00
A 材料	X-1	个	5 000	20.00	100 000.00	13%	13 000.00
合计					¥223 000.00		¥28 990.00

价税合计（大写）	⊗ 贰拾伍万壹仟玖佰玖拾元整	（小写） ¥251 990.00

销售方	名称：惠州东华股份有限公司 纳税人识别号：8601 5418 8250 7865 65 地址、电话：惠州市西湖路66号 22871276 开户行及账号：建行西湖路支行 5834 9534 8576 80	备注	

收款人：钟婷　　复核：　　开票人：刘梅华　　销售方：（章）

广东增值税专用发票 No 40101815

4400124155 发票联

开票日期：2021 年 01 月 09 日

购买方	名称：广东南村实业股份有限公司 纳税人识别号：9765 7698 1245 4357 78 地址、电话：广州市一新路1号 开户行及账号：工行天河支行 6276 6532 9875 12	密码区	（略）

货物或应税劳务名称	规格型号	单位	数量	单价	金额	税率	税额
道路运输费			1	10 000.00	10 000.00	9%	900.00
合计					¥10 000.00		¥900.00

价税合计（大写）	⊗ 壹万零玖佰元整	（小写） ¥10 900.00

销售方	名称：广州安胜道路运输股份有限公司 纳税人识别号：8601 5418 7250 7865 83 地址、电话：广州市中成路300号 65421276 开户行及账号：建行沙太路支行 7834 9534 8576 29	备注	

收款人：陈丽萍　　复核：　　开票人：刘强　　销售方：（章）

注：运输费用 A 材料承担60%，C 材料承担40%。

中国工商银行转账凭证

币种：CNY　　　　　　　2021年1月12日　　　　　　　流水号：×××

收款人	全称	广州安胜道路运输股份有限公司	付款人	全称	广东南村实业股份有限公司
	账号	7834 9534 8576 29		账号	6276 6532 9875 12
	开户行	建行沙太路支行		开户行	工行天河支行

金额：人民币（大写）壹万零玖佰元整　　　人民币（小写）¥10 900.00

用途：

（银行盖章：中国工商银行广州天河支行 2021.01.12 转讫）

入库单

2021年1月9日　　　　　　　　　　　　　　单号：×××

部门：采购部　　　用途：生产用料　　　仓库：甲

编号	名称	规格	数量	单价	总额	备注
0003	C材料	M-1	3 000	40.00	120 000.00	
0001	A材料	X-1	5 000	20.00	100 000.00	
合计：贰拾贰万元整					220 000.00	

仓管员：　　　　　　　　　　仓库经理：

中国工商银行汇票

出票日期 贰零贰壹年零壹月壹拾贰日

出票人	全称	广东南村实业股份有限公司	收款人	全称	惠州东华股份有限公司
	账号	6276 6532 9875 12		账号	5834 9534 8576 80
	开户行	工行天河支行		开户行	建行西湖路支行

出票金额	人民币（大写）贰拾伍万壹仟玖佰玖拾元整	十万	万	千	百	十	元	角	分
		2	5	1	9	9	0	0	0

汇票到期日	贰零贰壹年零伍月壹拾贰日	付款行	行号	
承兑协议号			地址	

本汇票请你行承兑，到期无条件付款。　　　本汇票已经承兑，到期由本行付款。

（广东南村实业股份有限公司财务专用章）　　出票人签章：张敏

（中国工商银行天河支行 汇票专用章）　　承兑人签章：　　承兑日期：　年　月　日　　记账：　　复核：

借：材料采购	233 000.00
应交税费——应交增值税——进项税额	29 890.00
贷：银行存款——工行	10 900.00
应付票据——惠州东华	251 990.00
借：原材料	220 000.00
材料成本差异	13 000.00
贷：材料采购	233 000.00

20.

中华人民共和国
税 收 完 税 证 明

填发日期　　　　　　　　　　　　2021 年 1 月 9 日　　　　　　　　　　　　税务机关：天河地方税务局

纳税人识别码	9765 7698 1245 4357 78		纳税人名称	广东南村实业股份有限公司	
原凭证码	税种	品目名称	税款所属时期	入库时间	实缴（退）金额
××××	增值税		2020-12-01 至 2020-12-31	2021-01-09	125 089.00
金额合计（大写）	壹拾贰万伍仟零捌拾玖元整				125 089.00
税务机关（盖章）		填票人	备注		

中国工商银行电子缴税付款凭证

转账日期：2021 年 1 月 9 日　　　　　　　　　　　凭证字号：××××

纳税人全称及纳税人识别号：广东南村实业股份有限公司　9765 7698 1245 4357 78	
付款人全称：广东南村实业股份有限公司	
付款人账号：6276 6532 9875 12	征收机关：广州市国家税务局
付款人开户行：工商银行天河支行	收缴国库（银行）名称：广州市支库
小写（合计）金额：125 089.00	缴纳书交易流水号：××××
大写（合计）金额：壹拾贰万伍仟零捌拾玖元整	税票号码：××××
税（费）种名称	所属日期	实缴金额
增值税	20201201 - 20201231	125 089.00

中华人民共和国
税 收 完 税 证 明

填发日期　　　　　　　　　　　　2021 年 1 月 9 日　　　　　　　　　　　　税务机关：天河地方税务局

纳税人识别码	9765 7698 1245 4357 78		纳税人名称	广东南村实业股份有限公司	
原凭证码	税种	品目名称	税款所属时期	入库时间	实缴（退）金额
××××	城市维护建设税		2020-12-01 至 2020-12-31	2021-01-09	5 000.00
××××	教育费附加		2020-12-01 至 2020-12-31	2021-01-09	2 142.85
金额合计（大写）	柒仟壹佰肆拾贰元捌角伍分				7 142.85
税务机关（盖章）		填票人	备注		

中国工商银行电子缴税付款凭证

转账日期：2021年01月09日　　　　　　　凭证字号：××××

纳税人全称及纳税人识别号：广东南村实业股份有限公司　9765 7698 1245 4357 78	
付款人全称：广东南村实业股份有限公司	
付款人账号：6276 6532 9875 12	征收机关：广州市国家税务局
付款人开户行：工商银行天河支行	收缴国库（银行）名称：广州市支库
小写（合计）金额：7 142.85	缴纳书交易流水号：××××
大写（合计）金额：柒仟壹佰肆拾贰元捌角伍分	税票号码：××××
税（费）种名称　　所属日期	实缴金额
城市维护建设税　　20201201-20201231	5 000.00
教育费附加　　　　20201201-20201231	2 142.85

　　借：应交税费——未交增值税　　　　　　　125 089.00
　　　　应交税费——城市维护建设税　　　　　　5 000.00
　　　　应交税费——教育费附加　　　　　　　　2 142.85
　　　贷：银行存款——工行　　　　　　　　　132 231.85

21.

4400124156　　　　　广东增值税专用发票　　　　　No 40101816

发票联　　　　　　　　　　　　　　　　　开票日期：2021年01月11日

购买方	名　　称：广东南村实业股份有限公司 纳税人识别号：9765 7698 1245 4357 78 地址、电话：广州市一新路1号 开户行及账号：工行天河支行　6276 6532 9875 12	密码区	（略）
货物或应税劳务名称	规格型号	单位	数量	单价	金额	税率	税额
展览服务费			1	5 000.00	5 000.00	6%	300.00
合　计					¥5 000.00		¥300.00
价税合计（大写）	⊗伍仟叁佰元整				（小写）¥5 300.00		
销售方	名　　称：广州琶州会议展览股份有限公司 纳税人识别号：7601 7618 7250 7865 08 地址、电话：广州市海阅路12号　65426431 开户行及账号：农行海阅路支行　7834 9534 3576 65	备注	

收款人：黄美萍　　复核：　　开票人：张子龙　　销售方：（章）

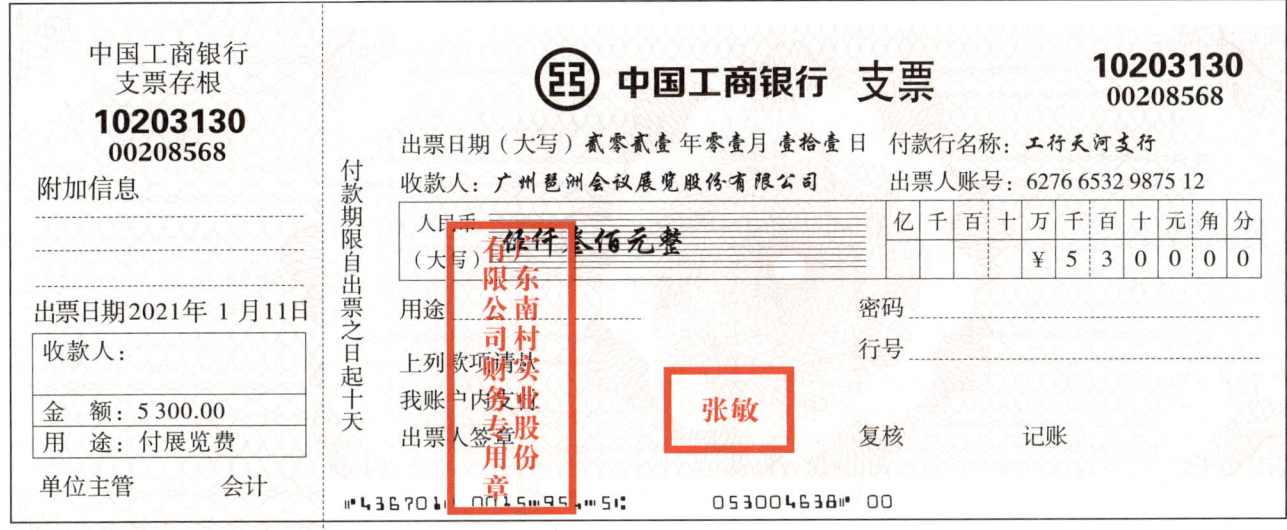

借：销售费用——展览费 5 000.00
 应交税费——应交增值税——进项税额 300.00
 贷：银行存款——工行 5 300.00

22.

中国工商银行业务收费凭证

币别：CNY 　　　　　2021 年 01 月 11 日 　　　　　流水号：×××

付款人			账号		
项目名称	工本费	账户管理费	电子汇划费		金额
		256.00			256.00
金额（大写）贰佰伍拾陆元整					256.00
付款方式：银行划扣					

（中国工商银行广州天河支行 2021.01.11 转讫）

借：财务费用——账户费 256.00
 贷：银行存款 ——工行 256.00

23.

中国工商银行 支票存根 10203130 00208568	中国工商银行 支票 10203130 00208568
附加信息	出票日期（大写）贰零贰壹 年零壹月 壹拾贰日 付款行名称：工行天河支行
	收款人：广州环球股份有限公司 出票人账号：6276 6532 9875 12
	人民币（大写）贰拾叁万肆仟元整 ¥234 000 00
出票日期2021年 1月12日	用途 密码
收款人：	上列款项请从 行号
金　额：234 000.00	我账户内支付
用　途：付广州环球账款	出票人签章　张敏　复核　记账
单位主管　会计	

借：应付账款——广州环球　　　　　　　　234 000.00
　贷：银行存款——工行　　　　　　　　　　　　　　234 000.00

24.

4400124157　　　　　　广东增值税专用发票　　　　　　No 40101817

开票日期：2021年01月13日

购买方	名　称：深圳宝成股份有限公司 纳税人识别号：4325 7654 1239 7654 06 地址、电话：深南大道216号　83214345 开户行及账号：工行深南大道支行　4321 8650 9876 23	密码区	（略）

货物或应税劳务名称	规格型号	单位	数量	单价	金额	税率	税额
乙产品	B-1	个	4 000.00	140.00	560 000.00	13%	72 800.00
合　计					¥560 000.00		¥72 800.00

价税合计（大写）	⊗ 陆拾叁万贰仟捌佰元整	（小写）¥632 800.00

销售方	名　称：广东南村实业股份有限公司 纳税人识别号：9765 7698 1245 4357 78 地址、电话：广州市一新路1号 开户行及账号：工行天河支行　6276 6532 9875 12	备注	

收款人：　　　复核：　　　开票人：　　　销售方：（章）

广东南村实业股份有限公司出库单

部门：销售部　　　　　　　　用途：产品销售　　时间：1月12日　　　　单号：

名称	规格	计量单位	数量	单价	总额	备注
乙产品	A-1	个	4 000			
合计			4 000			

制表：　　　　　仓管员：　　　　　物料经理：　　　　　财务经理：

中国工商银行电子银行回单

电子回单号码：				指令序号		
回单类型			境内汇款			
收款人	户名	广东南村实业股份有限公司		付款人	户名	深圳宝成股份有限公司
	卡（账）号	6276 6532 9875 12			卡（账）号	4321 8650 9876 23
	收款银行	工行天河支行			付款银行	工行深南大道支行
币种	人民币			钞汇标志		钞
金额		632 800.00		手续费		
合计	人民币（大写）	陆拾叁万贰仟捌佰元整				
交易时间：			2021年1月13日			
附言						
验证码						

（印章：中国工商银行广州天河支行 2021.01.13 转讫）

借：银行存款——工行　　　　　　　　　　　　632 800.00
　　贷：主营业务收入　　　　　　　　　　　　　560 000.00
　　　　应交税费——应交增值税——销项税额　　72 800.00
借：税金及附加　　　　　　　　　　　　　　　56 000.00
　　贷：应交税费——应交消费税　　　　　　　　56 000.00

25.

广东增值税专用发票

4400124158　　　　　　　　　　　　　　　　　　　　　　No **40101818**

发票联　　　　　　　　　　　　　　　　　　　　　　开票日期：2021 年 01 月 13 日

购买方	名　称：广州环球股份有限公司 纳税人识别号：4325 7654 1239 8704 89 地址、电话：广州中成路 16 号　87500500 开户行及账号：工行天河支行　4321 7643 9876 65	密码区	（略）

货物或应税劳务名称	规格型号	单位	数量	单价	金额	税率	税额
甲产品	A－1	个	1 000.00	120.00	120 000.00	13%	15 600.00
合　计					￥120 000.00		￥15 600.00

价税合计（大写）	⊗ 壹拾叁万伍仟陆佰元整		（小写）￥135 600.00

销售方	名　称：广东南村实业股份有限公司 纳税人识别号：9765 7698 1245 4357 78 地址、电话：广州市一新路 1 号 开户行及账号：工行天河支行　6276 6532 9875 12	备注	（广东南村实业股份有限公司 9765769812454357 78 发票专用章）

收款人：　　　　　复核：　　　　　开票人：　　　　　销售方：（章）

广东南村实业股份有限公司出库单

部门：销售部　　　　　用途：产品销售　　　　　时间：1 月 13 日　　　　　单号：

名称	规格	计量单位	数量	单价	总额	备注
甲产品	A－1	个	1 000			
合计			1 000			

制表：　　　　　仓管员：　　　　　物料经理：　　　　　财务经理：

　　借：应收账款——广州环球　　　　　　　　　135 600.00
　　　贷：主营业务收入　　　　　　　　　　　　120 000.00
　　　　　应交税费——应交增值税——销项税额　15 600.00
　　借：税金及附加　　　　　　　　　　　　　　12 000.00
　　　贷：应交税费——应交消费税　　　　　　　12 000.00

26.

4400124159		广东增值税专用发票				No 40101819	
		发 票 联				开票日期：2021 年 01 月 13 日	
购买方	名　　　称：广州环球股份有限公司 纳税人识别号：4325 7654 1239 8704 89 地址、电话：广州中成路16号　87500500 开户行及账号：工行天河支行　4321 7643 9876 65			密码区	（略）		
货物或应税劳务名称	规格型号	单位	数量	单价	金额	税率	税额
乙产品	B－1	个	2 000	120.00	240 000.00	13%	31 200.00
合　计					¥240 000.00		¥31 200.00
价税合计（大写）	⊗ 贰拾柒万壹仟贰佰元整				（小写）¥271 200.00		
销售方	名　　　称：广东南村实业股份有限公司 纳税人识别号：9765 7698 1245 4357 78 地址、电话：广州市一新路1号 开户行及账号：工行天河支行　6276 6532 9875 12			备注	广东南村实业股份有限公司 9765769812454357 78 发票专用章		
收款人：		复核：		开票人：		销售方：（章）	

广东南村实业股份有限公司出库单

部门：销售部　　　用途：产品销售　　　时间：1月13日　　　单号：

名称	规格	计量单位	数量	单价	总额	备注
乙产品	A－1	个	2 000			
合计			2 000			

制表：　　　　仓管员：　　　　物料经理：　　　　财务经理：

　　借：应收账款——广州环球　　　　　　　　　　　271 200.00
　　　贷：主营业务收入　　　　　　　　　　　　　　240 000.00
　　　　应交税费——应交增值税——销项税额　　　 31 200.00
　　借：税金及附加　　　　　　　　　　　　　　　　24 000.00
　　　贷：应交税费——应交消费税　　　　　　　　　24 000.00

27.

广东增值税专用发票

4400124140　　　　　　　　　　　　　　　　　　No 40101820

发票联　　　　　　　　　　　　　　　　　　开票日期：2021 年 01 月 13 日

购买方	名称：广东南村实业股份有限公司 纳税人识别号：9765 7698 1245 4357 78 地址、电话：广州市一新路1号 开户行及账号：工行天河支行 6276 6532 9875 12	密码区	（略）

货物或应税劳务名称	规格型号	单位	数量	单价	金额	税率	税额
工业用电		度	120 000	0.70	84 000.00	13%	10 920.00
合　计					¥84 000.00		¥10 920.00

价税合计（大写）　⊗ 玖万肆仟玖佰贰拾元整　　　　　（小写）¥94 920.00

销售方	名称：南方电网广州公司 纳税人识别号：9765 7698 1245 4353 57 地址、电话：广州市东川路1号 22287654 开户行及账号：建行东山支行 6276 6532 9875 89	备注	

收款人：　　　　复核：　　　　开票人：　　　　销售方：（章）

电力费用分配表

序号	部门	使用数量/度	单价/元	金额/元
1	财务部	500	0.70	350.00
2	总经理办	400	0.70	280.00
3	人力资源部	20	0.70	140.00
4	采购部	600	0.70	420.00
5	装配车间	1 000	0.70	700.00
6	生产车间	117 000	0.70	81 900.00
7	销售部	300	0.70	210.00
	合计	120 000		84 000.00

制表：　　　　　　　　　　审核：

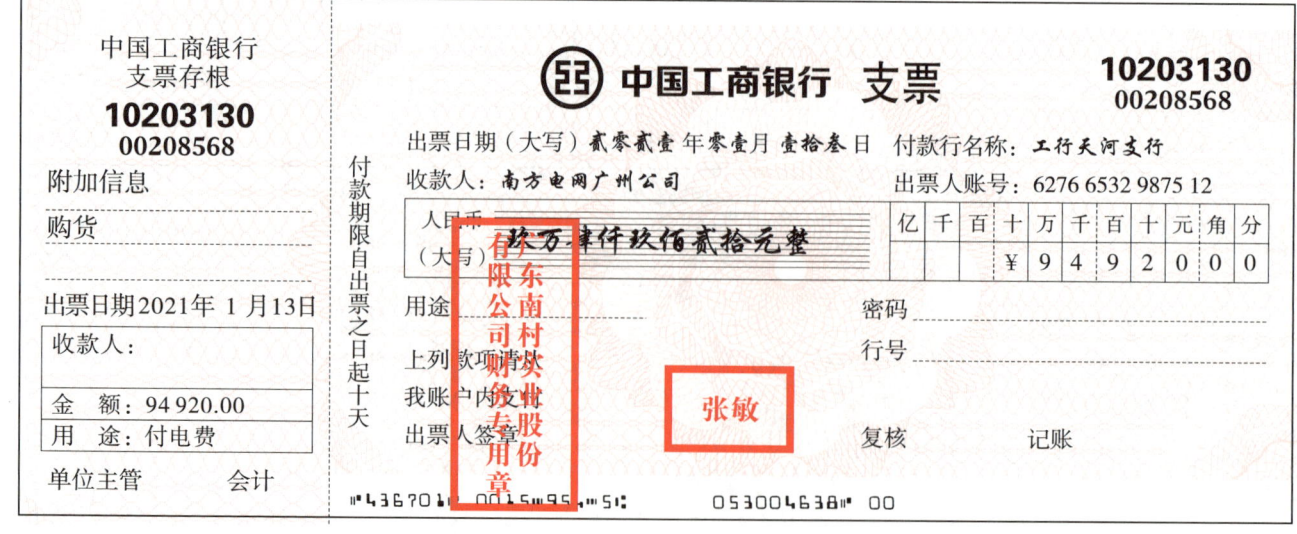

借：管理费用——电费　　　　　　　　　　　　　1 190.00
　　销售费用——电费　　　　　　　　　　　　　　210.00
　　制造费用——生产车间——电费　　　　　　　81 900.00
　　制造费用——装配车间——电费　　　　　　　　700.00
　　应交税费——应交增值税——进项税额　　　　10 920.00
　　贷：银行存款——工行　　　　　　　　　　　　　　94 920.00

28.

4400124141	广东增值税专用发票					No **40101821**	
	发票联					开票日期：2021年01月13日	

购买方	名　　　称：广东南村实业股份有限公司 纳税人识别号：9765 7698 1245 4357 78 地址、电话：广州市一新路1号 开户行及账号：工行天河支行　6276 6532 9875 12	密码区	（略）

货物或应税劳务名称	规格型号	单位	数量	单价	金额	税率	税额
房屋租金		平方米	1 800.00	46.00	82 800.00	9%	7 452.00
合　计					￥82 800.00		￥7 452.00

价税合计（大写）	⊗ 玖万零贰佰伍拾贰元整	（小写）￥90 252.00

销售方	名　　　称：广州建丰物业有限公司 纳税人识别号：9765 7698 1245 4357 65 地址、电话：广州市同大路15号　22284387 开户行及账号：建行同大支行　6276 8932 9875 08	备注	

收款人：　　　　　复核：　　　　　开票人：　　　　　销售方：（章）

中国工商银行电子银行回单

电子回单号码：				指令序号		
回单类型				境内汇款		
收款人	户名	广州建丰物业有限公司		付款人	户名	广东南村实业股份有限公司
	卡（账）号	6276 8932 9875 08			卡（账）号	6276 6532 9875 12
	收款银行	建行同大支行			付款银行	工行天河支行
币种	人民币			钞汇标志		钞
金额	90 252.00			手续费		0
合计	人民币（大写）	玖万零贰佰伍拾贰元整				
交易时间：			2021年1月13日			
附言						
验证码						

1月房屋租金分配表

序号	部门	使用数量/米²	单价/元	金额/元
1	财务部	25	46.00	1 150.00
2	总经理办	65	46.00	2 990.00
3	人力资源部	20	46.00	920.00
4	采购部	35	46.00	1 610.00
5	生产车间	1 000	46.00	46 000.00
6	装配车间	535	46.00	24 610.00
7	销售部	120	46.00	5 520.00
	合计	1 800		82 800.00

制表： 审核：

借：管理费用——房租　　　　　　　　　　　　6 670.00
　　销售费用——房租　　　　　　　　　　　　5 520.00
　　制造费用——生产车间——房租　　　　　　46 000.00
　　制造费用——装配车间——房租　　　　　　24 610.00
　　应交税费——应交增值税——进项税额　　　7 452.00
贷：银行存款——工行　　　　　　　　　　　　90 252.00

29. 该公司 13 日委托银行代发工资。

工资发放汇总表

序号	部门	金额/元
1	财务部	32 504.00
2	总经理办	43 208.00
3	人力资源部	21 763.00
4	采购部	56 431.00
5	车间办公室	32 107.00
6	车间生产线	628 694.44
7	销售部	54 305.00
	合计	869 012.44

制表：钟婷　　　　　审核：胡端艳

中国工商银行 1 月对账单

单位：元

日期	摘要	借方	贷方	余额
×××	×××		×××	×××
2021-01-12	代发工资	869 012.44		×××
×××	×××		×××	×××

借：应付职工薪酬　　　　　　　　　　　　　869 012.44
贷：银行存款——工行　　　　　　　　　　　869 012.44

30. 生产车间货车加油。

4400124142

广东省广州市国家税务局
通用机打发票

No **40101822**

发票代码：×××
发票号码：×××

开票日期：2021 年 01 月 13 日　　行业：商业

客户名称：广东珠江股份有限公司					
品名	规格	单位	数量	单价	金额/元
汽油	97#	升	100	8.04	804.00
合计金额（大写）：捌佰零肆元整			¥804.00		

开票人：　　　　　　收款人：

借：制造费用——生产车间——加油费　　804.00
　　贷：库存现金　　　　　　　　　　　　　　　804.00

31.

4400124143

广东增值税普通发票

No **40101823**

开票日期：2021 年 01 月 14 日

购买方	名　　称：广东南村实业股份有限公司 纳税人识别号：9765 7698 1245 4357 78 地址、电话：广州市一新路1号 开户行及账号：工行天河支行　6276 6532 9875 12	密码区	（略）			
货物或应税劳务名称	规格型号	单位	数量	单价	金额	税率	税额
办公用品		个	200	4.00	800.00	13%	104.00
合　计					¥800.00		¥104.00
价税合计（大写）	⊗ 玖佰零肆元整			（小写）¥904.00			
销售方	名　　称：广州今日股份有限公司 纳税人识别号：9765 7698 1245 4376 56 地址、电话：广州市中山路25号　62286387 开户行及账号：农行中山路支行　6276 5632 9875 09	备注				

收款人：　　　　　复核：　　　　　开票人：　　　　　销售方：（章）

办公用品费用分配表

序号	部门	使用数量/个	单价/元	金额/元
1	财务部	40	4.52	180.80
2	总经理办	20	4.52	90.40
3	人力资源部	30	4.52	135.60
4	采购部	40	4.52	180.80
5	生产车间	30	4.52	135.60
6	装配车间	20	4.52	90.40
7	销售部	20	4.52	90.40
	合计	200		904.00

制表：　　　　　　　　　　　　　　审核：

借：管理费用——办公费　　　　　　　　　　　587.60
　　销售费用——办公费　　　　　　　　　　　90.40
　　制造费用——生产车间——办公费　　　　　135.60
　　制造费用——装配车间——办公费　　　　　90.40
　贷：库存现金　　　　　　　　　　　　　　　904.00

32.

广东南村实业股份有限公司出库单

部门：生产车间　　用途：生产甲产品　　时间：20210112　　单号：×××　　投产量：6 000

名称	规格	计量单位	数量	单价	总额	备注
A材料	X-1	个	6 000			
B材料	Y-1	个	6 000			
C材料	M-1	个	6 000			
合计			18 000			

制表：　　　　　PMC：　　　　　　　物料经理：　　　　　　财务经理：

借：生产成本——甲产品——直接材料　　　　540 000.00
　贷：原材料——A材料　　　　　　　　　　　120 000.00
　　　原材料——B材料　　　　　　　　　　　180 000.00
　　　原材料——C材料　　　　　　　　　　　240 000.00

广东南村实业股份有限公司出库单

部门：生产车间　　用途：生产乙产品　　时间：20210112　　单号：×××　　投产量：5 000

名称	规格	计量单位	数量	单价	总额	备注
A 材料	X－1	个	5 000			
B 材料	Y－1	个	5 000			
C 材料	M－1	个	5 000			
合计			15 000			

制表：　　　　　　PMC：　　　　　　　物料经理：　　　　　　财务经理：

借：生产成本——乙产品——直接材料　　　　　450 000.00
　　贷：原材料——A 材料　　　　　　　　　　　100 000.00
　　　　原材料——B 材料　　　　　　　　　　　150 000.00
　　　　原材料——C 材料　　　　　　　　　　　200 000.00

33.

广东南村实业股份有限公司出库单

部门：生产车间　　用途：生产甲、乙产品　　时间：20210112　　单号：×××

名称	规格	计量单位	数量	单价	总额	备注
A 材料	X－1	个	1 000			
合计			1 000			

制表：　　　　　　PMC：　　　　　　　物料经理：　　　　　　财务经理：

注：甲产品承担60%，乙产品承担40%。

借：生产成本——甲产品——直接材料　　　　　12 000.00
　　生产成本——乙产品——直接材料　　　　　 8 000.00
　　贷：原材料——A 材料　　　　　　　　　　　20 000.00

34.

广东南村实业有限公司出库单

部门：生产车间　　　　　用途：生产车间一般耗用　　　　　时间：20210115　　　　　单号：×××

名称	规格	计量单位	数量	单价	总额	备注
A材料	X-1	个	1 000			
合计			1 000			

制表：　　　　　PMC：　　　　　物料经理：　　　　　财务经理：

借：制造费用——生产车间——材料费用　　　　20 000.00
　贷：原材料——A材料　　　　　　　　　　　　　　　20 000.00

35.

广东南村实业股份有限公司出库单

部门：装配车间　　　　　用途：装配车间一般耗用　　　　　时间：20210115　　　　　单号：×××

名称	规格	计量单位	数量	单价	总额	备注
C材料	M-1	个	300			
合计			300			

制表：　　　　　PMC：　　　　　物料经理：　　　　　财务经理：

借：制造费用——装配车间——材料费用　　　　12 000.00
　贷：原材料——C材料　　　　　　　　　　　　　　　12 000.00

36.

广东南村实业股份有限公司出库单

部门：销售部门　　　用途：对外销售　　　时间：20210112　　　单号：×××

名称	规格	计量单位	数量	单价	总额	备注
C材料	M-1	个	500			
合计			500			

制表：　　　　PMC：　　　　物料经理：　　　　财务经理：

4400124144　　　**广东增值税专用发票**　　　No **40101824**

发　票　联　　　　　　　　开票日期：2021年01月14日

购买方	名　　　称：惠州东华股份有限公司 纳税人识别号：8601 5418 8250 7865 65 地址、电话：惠州市西湖路66号　22871276 开户行及账号：建行西湖路支行　5834 9534 8576 80	密码区	（略）

货物或应税劳务名称	规格型号	单位	数量	单价	金额	税率	税额
C材料	M-1	个	500	20.00	10 000.00	13%	1 300.00
合　计					¥10 000.00		¥1 300.00

价税合计（大写）	⊗ 壹万壹仟叁佰元整	（小写）¥11 300.00

销售方	名　　　称：广东南村实业股份有限公司 纳税人识别号：9765 7698 1245 4357 78 地址、电话：广州市一新路1号 开户行及账号：工行天河支行　6276 6532 9875 12	备注	广东南村实业股份有限公司 9765 76981245435778 发票专用章

收款人：钟婷　　　复核：　　　开票人：刘梅华　　　销售方：（章）

中国工商银行电子银行回单

电子回单号码：			指令序号		
回单类型			境内汇款		
收款人	户名	广东南村实业股份有限公司	付款人	户名	惠州东华股份有限公司
	卡（账）号	6276 6532 9875 12		卡（账）号	5834 9534 8576 80
	收款银行	工行天河支行		付款银行	建行西湖路支行
币种	人民币		钞汇标志		钞
金额		11 300.00	手续费		
合计	人民币（大写）	壹万壹仟叁佰元整			
交易时间：			2021 年 1 月 14 日		
附言			销售材料款		
验证码					

中国工商银行广州天河支行 2021.01.14 转讫

借：其他业务成本　　　　　　　　　　　　　　　20 000.00
　　贷：原材料——C 材料　　　　　　　　　　　20 000.00
借：银行存款——工行　　　　　　　　　　　　　11 300.00
　　贷：其他业务收入　　　　　　　　　　　　　10 000.00
　　　　应交税费——应交增值税——销项税额　　 1 300.00

37.

4400124145　　　　　广东增值税普通发票　　　　No 40101825
　　　　　　　　　　　　　发 票 联　　　　　　开票日期：2021 年 01 月 15 日

购买方	名　　称：	广东南村实业股份有限公司	密码区	（略）
	纳税人识别号：	9765 7698 1245 4357 78		
	地址、电话：	广州市一新路1号		
	开户行及账号：	工行天河支行　6276 6532 9875 12		

货物或应税劳务名称	规格型号	单位	数量	单价	金额	税率	税额
办公用品		套	200	30.00	6 000.00	13%	780.00
合　计					￥6 000.00		￥780.00

价税合计（大写）	⊗ 陆仟柒佰捌拾元整	（小写）￥6 780.00

销售方	名　　称：	广州华联超市	备注	广州华联超市 5462013547601 26576 发票专用章
	纳税人识别号：	5462 0135 4760 1265 76		
	地址、电话：	广州同和路13号　87690987		
	开户行及账号：	建行同和支行　7896 5412 0546 09		

收款人：王红　　　复核：　　　　开票人：蒋丽　　　销售方：（章）

办公费用分配表

序号	部门	数量	计量单位	单价	金额/元	签字
1	财务部	50	套	33.90	1 695.00	
2	生产车间	30	套	33.90	1 017.00	
3	装配车间	20	套	33.90	678.00	
4	总经理办	20	套	33.90	678.00	
5	销售部	80	套	33.90	2 712.00	
	合计	200			6 780.00	

制表：钟婷　　　　　审核：胡瑞艳

借：管理费用——办公费用　　　　　　　　　　2 373.00
　　销售费用——办公费用　　　　　　　　　　2 712.00
　　制造费用——生产车间——办公费用　　　　1 017.00
　　制造费用——装配车间——办公费用　　　　678.00
　贷：应付账款——华联超市　　　　　　　　　6 780.00

38.

4400124146　　广东增值税普通发票　　No 40101826

发票联　　　　　　　　　　　　　　　　开票日期：2021 年 01 月 14 日

购买方	名　　　称：广东南村实业股份有限公司 纳税人识别号：9765 7698 1245 4357 78 地址、电话：广州市一新路1号 开户行及账号：工行天河支行　6276 6532 9875 12	密码区	（略）

货物或应税劳务名称	规格型号	单位	数量	单价	金额	税率	税额
HP 打印机	W-12	台	1	10 000.00	10 000.00	13%	1 300.00
合　计					¥10 000.00		¥1 300.00

价税合计（大写）：⊗ 壹万壹仟叁佰元整　　　　　　　（小写）¥11 300.00

销售方	名　　　称：广州苏宁电器有限责任公司 纳税人识别号：4206 0107 8938 4266 75 地址、电话：广州市体育西路16号　85546987 开户行及账号：建行体育西路支行　6545 6378 9614 54	备注	

收款人：　　　　　复核：　　　　　开票人：　　　　　销售方：（章）

固定资产验收单

名称	HP 打印机	数量	1	开始使用时间	2021.1	使用期限	5
规格	W-12	计量单位	台	停止使用时间	2026.2	使用部门	总经理办公室
责任人	王华	设备编号	20210103	预计清理费用	0	已使用年限	0
存放地点	办公室	形成方式	购入	预计残值收入	200.00	月折旧率	
月折旧额		入账价值	11 300.00				
已提折旧额	0	资产类别	办公设备				

使用人：　　　　　　　　会计：　　　　　　　　设备管理员：

中国工商银行电子银行回单

电子回单号码：			指令序号		
回单类型			境内汇款		
收款人	户名	广州苏宁电器有限责任公司	付款人	户名	广东南村实业股份有限公司
	卡（账）号	6545 6378 9614 54		卡（账）号	6276 6532 9875 12
	收款银行	建行体育西路支行		付款银行	工行天河支行
币种	人民币		钞汇标志		钞
金额		11 300.00	手续费		10
合计	人民币（大写）	壹万壹仟叁佰壹拾元整			
交易时间：			2021 年 1 月 14 日		
附言					
验证码					

（印章：中国工商银行广州天河支行 2021.01.14 转讫）

借：固定资产　　　　　　　　　　　　　　　　　11 300.00
　　财务费用——手续费用　　　　　　　　　　　10.00
贷：银行存款——工行　　　　　　　　　　　　　11 310.00

39. 购入不需安装的生产设备 D。

4400124147　　　　　广东增值税专用发票　　　　　No 40101827

发票联

开票日期：2021 年 01 月 11 日

购买方	名　　称：广东南村实业股份有限公司 纳税人识别号：9765 7698 1245 4357 78 地址、电话：广州市一新路1号 开户行及账号：工行天河支行　6276 6532 9875 12	密码区	（略）

货物或应税劳务名称	规格型号	单位	数量	单价	金额	税率	税额
生产设备 D	A-1	台	1	800 000.00	800 000.00	13%	104 000.00
合　计					¥800 000.00		¥104 000.00

价税合计（大写）	⊗ 玖拾万零肆仟元整	（小写） ¥904 000.00

销售方	名　　称：广东金迪科技有限责任公司 纳税人识别号：4206 0107 8938 4245 61 地址、电话：广州市长兴路11号　61115436 开户行及账号：工行天河支行　6545 6313 0347 51	备注	（印章：广东金迪科技有限责任公司 4206010789384245 61 发票专用章）

收款人：　　　　复核：　　　　开票人：　　　　销售方：（章）

第一联：记账联　销售方记账凭证

固定资产验收单

名称	生产设备D	数量	1	开始使用时间	2021.1	使用期限	5
规格	A-1	计量单位	台	停止使用时间	2026.2	使用部门	生产车间
责任人	张三	设备编号	202112011	预计清理费用	10 000.00	已使用年限	0
存放地点	生产车间	形成方式		预计残值收入	36 000.00	月折旧率	
月折旧额		入账价值	800 000.00				
已提折旧额	0	资产类别	生产设备				

使用人：　　　　　　　　　会计：　　　　　　　　　设备管理人：

借：固定资产　　　　　　　　　　　　　　　800 000.00
　　应交税费——应交增值税——进项税额　　104 000.00
　　贷：应付账款——广东金迪　　　　　　　904 000.00

40.

固定资产报废单

2021年1月15日

名称	电脑A	原值		净值		清理收入	800.00元
规格		累计折旧	1 916.59	清理费用	0.00	开始使用时间	2019-02-15
使用部门	装配车间	使用年限	5	停止使用时间	2021-01-11		
使用人		已使用年限					
报废原因：出售后购买功能更好的电脑。							

行政经理：　　　　　　　财务经理：　　　　　　　总经理：

收 款 收 据

2021年1月15日

今收到：张华交来现金
人民币（大写）：玖百零肆元整
收款事由：出售电脑收入
￥904.00　　　　　　　　　　　收款人签字（盖章）　张敏　　广东南村实业股份有限公司财务专用章

| 48 | 4400124148 | 广东增值税专用发票 | | No 40101828 |
| | | 发票联 | | 开票日期：2021 年 01 月 15 日 |

<table>
<tr><td rowspan="4">购买方</td><td>名　　称：广东三五股份有限公司</td><td rowspan="4">密码区</td><td rowspan="4">（略）</td><td rowspan="4">第一联：记账联　销售方记账凭证</td></tr>
<tr><td>纳税人识别号：9765 7698 1245 7547 79</td></tr>
<tr><td>地址、电话：广州燕岭路1号　65451234</td></tr>
<tr><td>开户行及账号：工行天河支行　6276 6532 9878 09</td></tr>
</table>

货物或应税劳务名称	规格型号	单位	数量	单价	金额	税率	税额
电脑A		台	1	800.00	800.00	13%	104.00
合　计					¥800.00		¥104.00

| 价税合计（大写） | ⊗ 玖佰零肆元整 | （小写）¥904.00 |

<table>
<tr><td rowspan="4">销售方</td><td>名　　称：广东南村实业股份有限公司</td><td rowspan="4">备注</td></tr>
<tr><td>纳税人识别号：9765 7698 1245 4357 78</td></tr>
<tr><td>地址、电话：广州市一新路1号</td></tr>
<tr><td>开户行及账号：工行天河支行　6276 6532 9875 12</td></tr>
</table>

收款人：　　　　　　复核：　　　　　　开票人：　　　　　　销售方：（章）

　　借：固定资产清理　　　　　　　　　　　　　　　　3 083.41
　　　　累计折旧　　　　　　　　　　　　　　　　　　1 916.59
　　　贷：固定资产　　　　　　　　　　　　　　　　　5 000.00
　　借：库存现金　　　　　　　　　　　　　　　　　　904.00
　　　贷：固定资产清理　　　　　　　　　　　　　　　800.00
　　　　　应交税费——应交增值税——销项税额　　　104.00
　　借：资产处置损益　　　　　　　　　　　　　　　　2 283.41
　　　贷：固定资产清理　　　　　　　　　　　　　　　2 283.41

41. 生产车间使用A专利技术的摊销明细。

无形资产摊销明细表

单位：元

名称	入账金额	开始摊销时间	结束摊销时间	摊销时长/月	月摊销额	累计摊销额	未摊销余额
A专利技术	60 000.00	2019年1月	2029年12月	120	500.00	8 500.00	51 500.00

制表：　　　　　　　　　　　　　　审核：

　　借：制造费用——生产车间——其他　　　　　　　500.00
　　　贷：累计摊销　　　　　　　　　　　　　　　　500.00

42.

4400124149		广东增值税专用发票				No 40101829	
		发票联				开票日期：2021 年 01 月 16 日	

<table>
<tr><td rowspan="4">购买方</td><td>名　　称：广东南村实业股份有限公司</td><td rowspan="4">密码区</td><td colspan="3" rowspan="4">（略）</td></tr>
<tr><td>纳税人识别号：9765 7698 1245 4357 78</td></tr>
<tr><td>地址、电话：广州市一新路 1 号</td></tr>
<tr><td>开户行及账号：工行天河支行　6276 6532 9875 12</td></tr>
</table>

货物或应税劳务名称	规格型号	单位	数量	单价	金额	税率	税额
钢材		吨	100	4 200.00	420 000.00	13%	54 600.00
合　　计					¥420 000.00		¥54 600.00

价税合计（大写）	⊗ 肆拾柒万肆仟陆佰元整	（小写）¥474 600.00

<table>
<tr><td rowspan="4">销售方</td><td>名　　称：广州中人股份有限公司</td><td rowspan="4">备注</td><td rowspan="4">广州中人股份有限公司
8601001832507818 03
发票专用章</td></tr>
<tr><td>纳税人识别号：8601 0018 3250 7818 03</td></tr>
<tr><td>地址、电话：广州市中成路 205 号　45878778</td></tr>
<tr><td>开户行及账号：建行沙太路支行　9834 9534 8577 94</td></tr>
</table>

收款人：　　　　　　　复核：　　　　　　开票人：　　　　　　销售方：（章）

入 库 单

2021 年 1 月 16 日　　　　　　　　　　　　　　　　　　　单号：×××

部门：采购部　　　　　　　用途：工程物资　　　　　　　仓库：甲

编号	名称	规格	数量	单价	总额	备注
	钢材		100	4 200.00	420 000.00	
合计：肆拾贰万元整					420 000.00	

仓管员：　　　　　　　　　仓库经理：

（注：在建工程专用物资）

借：工程物资　　　　　　　　　　　　　　　420 000.00
　　应交税费——应交增值税——进项税额　　54 600.00
　　贷：应付账款——中人　　　　　　　　　474 600.00

43.

广东增值税专用发票

4400124130　　　　　　　　　　　　　　　　　　　　　　　　No **40101830**

发票联

开票日期：2021 年 01 月 16 日

| 购买方 | 名　　称：广东南村实业股份有限公司
纳税人识别号：9765 7698 1245 4357 78
地址、电话：广州市一新路 1 号
开户行及账号：工行天河支行　6276 6532 9875 12 | 密码区 | （略） |

货物或应税劳务名称	规格型号	单位	数量	单价	金额	税率	税额
水泥	325#	吨	200	300.00	60 000.00	13%	7 800.00
合　计					¥60 000.00		¥7 800.00

| 价税合计（大写） | ⊗ 陆万柒仟捌佰元整 | （小写）¥67 800.00 |

| 销售方 | 名　　称：广州中人股份有限公司
纳税人识别号：8601 0018 3250 7818 03
地址、电话：广州市中成路 205 号　45878778
开户行及账号：建行沙太路支行　9834 9534 8577 94 | 备注 | 广州中人股份有限公司
8601001832507 81803
发票专用章 |

收款人：王诗意　　　复核：　　　开票人：邱晓玲　　　销售方：（章）

入库单

2021 年 1 月 16 日　　　　　　　　　　单号：×××

部门：采购部　　　　用途：工程物资　　　　仓库：甲

编号	名称	规格	数量/吨	单价	总额/元	备注
	水泥		200	300.00	60 000.00	
合计：陆万元整					60 000.00	

仓管员：　　　　　　　　　　仓库经理：

（注：在建工程专用物资）

中国工商银行 支票存根		中国工商银行 支票	10203130
10203130 00208568		出票日期（大写）贰零贰壹 年 零壹月 贰拾叁日 付款行名称：工行天河支行	00208568
附加信息 购水泥		收款人：广州中人股份有限公司 出票人账号：6276 6532 9875 12	
出票日期2021年 1月23日		人民币（大写）陆万柒仟捌佰元整 ¥67 800.00	
收款人：		用途	密码
金 额：67 800.00			行号
用 途：付水泥款		出票人签章：广东南村实业股份有限公司（财务专用章）张敏 复核 记账
单位主管 会计			

借：工程物资　　　　　　　　　　　　　　60 000.00
　　应交税费——应交增值税——进项税额　　7 800.00
　贷：银行存款——工行　　　　　　　　　　67 800.00

44.

中国工商银行电子银行回单

电子回单号码			指令序号		
回单类型			境内汇款		
收款人	户名	广州张亮建筑股份有限公司	付款人	户名	广东南村实业股份有限公司
	卡（账）号	6545 6378 9614 54		卡（账）号	6276 6532 9875 12
	收款银行	建行越秀路支行		付款银行	工行天河支行
币种	人民币		钞汇标志	钞	
金额	218 000.00		手续费	10.00	
合计	人民币（大写）	贰拾壹万捌仟零壹拾元整			
交易时间			2021年1月16日		
附言			支付工程劳务款		
验证码					

中国工商银行广州天河支行 2021.01.16 转讫

52   4400124131

广东增值税专用发票

No **40101831**

发票联

开票日期：2021 年 01 月 16 日

购买方	名　　　　称：广东南村实业股份有限公司 纳税人识别号：9765 7698 1245 4357 78 地址、电话：广州市一新路 1 号 开户行及账号：工行天河支行　6276 6532 9875 12	密码区	（略）

货物或应税劳务名称	规格型号	单位	数量	单价	金额	税率	税额
工程劳务			1	200 000.00	200 000.00	9%	18 000.00
合　计					¥200 000.00		¥18 000.00

价税合计（大写）	⊗ 贰拾壹万捌仟元整	（小写）¥218 000.00

销售方	名　　　　称：广州张亮建筑股份有限公司 纳税人识别号：8601 6518 3250 7818 03 地址、电话：广州市越秀路 45 号　25878776 开户行及账号：建行越秀路支行　6545 6378 9614 54	备注	广州张亮建筑股份有限公司 8601651832507 81803 发票专用章

收款人：李素丽　　复核：　　　　　开票人：巫晓玲　　　　销售方：（章）

第一联：记账联　销售方记账凭证

借：在建工程　　　　　　　　　　　　　　　　　200 000.00
　　应交税费—应交增值税——进项税额　　　　　 18 000.00
　　财务费用——手续费　　　　　　　　　　　　　　 10.00
　　贷：银行存款——工行　　　　　　　　　　　　　　　　218 010.00

45.

广东南村实业股份有限公司出库单

部门：基建办　　用途：工程领用　　时间：20210116　　单号：×××

名称	规格	计量单位	数量	单价	总额	备注
水泥		吨	200	300.00	60 000.00	
钢材		吨	100	4 200.00	420 000.00	
合计					480 000.00	

制表：　　　　PMC：　　　　　物料经理：　　　　财务经理：

借：在建工程　　　　　　　　　　　　　　　　　480 000.00
　　贷：工程物资 ——水泥　　　　　　　　　　　　　 60 000.00
　　　　工程物资 ——钢材　　　　　　　　　　　　　420 000.00

46.

固定资产验收单

名称	生产车间厂房C	数量	1	开始使用时间	2021.1	使用期限	20
规格		计量单位	幢	停止使用时间	2042.2	使用部门	生产车间
责任人	张天国	设备编号	20210154	预计清理费用	50 000.00	已使用年限	0
存放地点	生产车间	形成方式		预计残值收入	10 000.00	月折旧率	
月折旧额		入账价值	1 030 000.00				
已提折旧额		资产类别	房屋				

使用人： 会计： 设备管理人：

借：固定资产　　　　　　　　　　　　　　1 030 000.00
　　贷：在建工程　　　　　　　　　　　　　　1 030 000.00

47.

广东南村实业股份有限公司固定资产使用状况

单位：元

名称	使用状况	使用部门	类别	原值	残值率	使用年限	开始使用年限	月折旧额	累计折旧额	净值
厂房A	在用资产	生产车间	房屋	5 400 000	5%	40	2016/2/20	10 687.50	619 875.00	4 780 125.00
厂房B	在用资产	生产车间	房屋	1 106 900	−5%	40	2016/2/15	2 421.34	140 437.72	966 462.28
生产设备A	在用资产	生产车间	生产设备	250 000	1%	10	2019/2/15	2 062.50	45 375.00	204 625.00
小货车	在用资产	生产车间	汽车	12 600	5%	8	2019/2/10	124.69	2 743.18	9 856.82
小计				6 769 500				15 296.03	808 430.90	5 961 069.10
电脑A	在用资产	装配车间	电脑	5 000	0	5	2019/2/15	83.33	1 833.26	3 166.74
电脑B	在用资产	装配车间	电脑	4 000	0	5	2019/12/10	66.67	800.04	3 199.96
小计				9 000				150.00	2 633.30	6 366.70
电脑D	在用资产	销售部门	电脑	6 000	0	5	2019/2/18	100.00	1 200.00	4 800.00
小计				6 000				100.00	1 200.00	4 800.00
电脑C	在用资产	财务部门	电脑	16 000	0	5	2020/2/10	266.67	2 666.70	13 333.30
电脑E	在用资产	财务部门	电脑	6 500	0	5	2020/8/11	108.33	433.32	6 066.68
打印机A	在用资产	人力资源部门	打印机	12 000	5%	5	2020/2/15	190.00	1 900.00	10 100.00
办公大楼	在用资产	行政部门	房屋	2 600 000	5%	40	2016/2/12	5 145.83	298 458.14	2 301 541.86
小汽车A	在用资产	工程开发部门	汽车	245 000	5%	10	2019/12/16	1 939.58	19 395.80	225 604.20
小计				2 879 500				7 650.41	322 853.96	2 556 646.04
合计				9 664 000				23 196.44	1 135 118.16	8 528 881.84

借：制造费用——生产车间——折旧　　　　　15 296.03
　　制造费用——装配车间——折旧　　　　　150
　　销售费用——折旧　　　　　　　　　　　100
　　管理费用——折旧　　　　　　　　　　　7 650.41
　　贷：累计折旧　　　　　　　　　　　　　23 196.44

48. 广东南村实业股份有限公司考勤制度如下：

（1）根据国家有关法律规定，平均每月全勤天数为 21.75 天。国家法定的节日都正常休假。

（2）因私事经公司相关领导批准后，以当月应付工资的全部应发金额除以 21.75 天作为每天事假扣款金额。

（3）无故迟到、早退在 15 分钟（含 15 分钟）以内的，每次扣款金额为 40 元，无故迟到、早退超过 15 分钟的，做旷工处理。

（4）无故旷工的，每天的扣款金额为事假扣款金额的 2 倍，直到本月应发工资扣完为止。

（5）因病请假的，请假时间在 3 天（含 3 天）以内的，按每天应发工资金额的 70% 发放；请假时间在 3 天以上、7 天（含 7 天）以内的，按每天应发工资金额的 50% 发放；请假时间超过 7 天的，公司不再发放病假工资。

49. 广东珠江股份有限公司 2018 年 1 月考勤表如下：

部门	姓名	旷工天数	事假天数	病假天数			迟到次数	
				3 天	3 至 7 天	7 天以上	15 分钟	15 分钟以上
财务部	李一	1					1	
	李三		1					
采购部	张一	0.5						
	张四		2	3			4	
人事部	王一		4					
	王二		2					
工程开发部	万一		2					
	万二		2					3
	万五		1					
车间办公室	陈一		5					
	陈二		4				2	
	陈三		7					3
生产车间	董一		3				2	
	董二		2					
	董三		2					
装配车间	毛一							
	毛二							
	毛三		1					
销售部	汤一		2					
	汤二		4					
	汤三		6					

50. 广东南村实业股份有限公司（该企业的性质是私营企业）所在地区"五险"的缴纳标准如下：

（1）养老保险。外资单位 20%，省属单位 18%，私营企业 12%，个人 8%。

（2）医疗保险。单位 7%，个人 2%。

（3）失业保险。单位 0.2%，个人 0.1%。

（4）工伤保险。单位 0.4%，个人不用缴纳。

（5）生育保险：单位 0.85%，个人不用缴纳。

（6）员工个人上年的平均工资数为下一年度个人缴存"五险"的基数。

51. 个人所得税税率表如下：

个人所得税税率表（个税免征额 5 000.00 元，综合所得适用）

级数	全年应纳税所得额	税率/%	速算扣除数
1	不超过 36 000 元的	3	0
2	超过 36 000 元至 144 000 元的部分	10	2 520
3	超过 144 000 元至 300 000 元的部分	20	16 920
4	超过 300 000 元至 420 000 元的部分	25	31 920
5	超过 420 000 元至 660 000 元的部分	30	52 920
6	超过 660 000 元至 960 000 元的部分	35	85 920
7	超过 960 000 元的部分	45	181 920

52. 代扣员工宿舍用的水电费明细表如下：

部门	姓名	用水量/吨	单价/（元/吨）	金额/元	用电量/度	单价/（元/度）	金额/元	合计/元
财务部	李一	5	2.85	14.25	50	0.65	32.50	46.75
	李三	4	2.85	11.40	60	0.65	39.00	50.40
采购部	张一	6	2.85	17.10	50	0.65	32.50	49.60
	张四	4	2.85	11.40	50	0.65	32.50	43.90
人事部	王一	5	2.85	14.25	40	0.65	26.00	40.25
	王二	4	2.85	11.40	40	0.65	26.00	37.40
工程开发部	万一	5	2.85	14.25	80	0.65	52.00	66.25
	万二	6	2.85	17.10	80	0.65	52.00	69.10
	万五	8	2.85	22.80	60	0.65	39.00	61.80
车间	陈一	8	2.85	22.80	50	0.65	32.50	55.30
办公室	陈二	4	2.85	11.40	80	0.65	52.00	63.40
	陈三	4	2.85	11.40	80	0.65	52.00	63.40
生产车间	董一	5	2.85	14.25	60	0.65	39.00	53.25
	董二	5	2.85	14.25	50	0.65	32.50	46.75
	董三	6	2.85	17.10	40	0.65	26.00	43.10
装配车间	毛一	4	2.85	11.40	40	0.65	26.00	37.40
	毛二	3	2.85	8.55	35	0.65	22.75	31.30
	毛三	4	2.85	11.40	42	0.65	27.30	38.70
销售部	汤一	5	2.85	14.25	60	0.65	39.00	53.25
	汤二	4	2.85	11.40	40	0.65	26.00	37.40
	汤三	8	2.85	22.80	80	0.65	52.00	74.80
				304.95			758.55	1 063.50

借：应付职工薪酬——工资　　　　　　　　　　1 063.50
　　贷：其他应付款——自来水公司　　　　　　　304.95
　　　　其他应付款——电力局　　　　　　　　　758.55

53. 代扣个人承担的"五险"明细表如下：

单位：元

部门	姓名	计提基数	工伤保险（0%）	养老保险（8%）	医疗保险（2%）	生育保险（0%）	失业保险（0.1%）	合计
财务部	李一	10 000.00		800.00	200.00		10.00	1 010.00
	李二	6 500.00		520.00	130.00		6.50	656.50
	李三	4 800.00		384.00	96.00		4.80	484.80
	李四	3 200.00		256.00	64.00		3.20	323.20
小计				1 960.00	490.00		24.50	
采购部	张一	5 000.00		400.00	100.00		5.00	505.00
	张二	4 000.00		320.00	80.00		4.00	404.00
	张三	4 500.00		360.00	90.00		4.50	454.50
	张四	3 500.00		280.00	70.00		3.50	353.50
	张五	3 100.00		248.00	62.00		3.10	313.10
小计				1 608.00	402.00		20.10	
人事部	王一	7 000.00		560.00	140.00		7.00	707.00
	王二	5 000.00		400.00	100.00		5.00	505.00
	王三	4 000.00		320.00	80.00		4.00	404.00
小计				1 280.00	320.00		16.00	
工程开发部	万一	7 000.00		560.00	140.00		7.00	707.00
	万二	7 000.00		560.00	140.00		7.00	707.00
	万三.00	5 200.00		416.00	104.00		5.20	525.20
	万三	4 600.00		368.00	92.00		4.60	464.60
	万四	4 600.00		368.00	92.00		4.60	464.60
	万五	5 100.00		408.00	102.00		5.10	515.10
小计				2 680.00	670.00		33.50	
车间办公室	陈一	9 000.00		720.00	180.00		9.00	909.00
	陈二	7 600.00		608.00	152.00		7.60	767.60
	陈三	6 000.00		480.00	120.00		6.00	606.00
	陈四	4 200.00		336.00	84.00		4.20	424.20
	陈五	2 800.00		224.00	56.00		2.80	282.80
小计				2 368.00	592.00		29.60	
生产车间	董一	3 100.00		248.00	62.00		3.10	313.10
	董二	3 100.00		248.00	62.00		3.10	313.10
	董三	3 100.00		248.00	62.00		3.10	313.10
	董四	3 100.00		248.00	62.00		3.10	313.10
	董五	3 100.00		248.00	62.00		3.10	313.10
	董六	3 100.00		248.00	62.00		3.10	313.10
	董七	3 100.00		248.00	62.00		3.10	313.10
	董八	3 100.00		248.00	62.00		3.10	313.10
	董九	3 100.00		248.00	62.00		3.10	313.10
	董十	3 100.00		248.00	62.00		3.10	313.10
小计				2 480.00	620.00		31.00	

续上表

部门	姓名	计提基数	工伤保险（0%）	养老保险（8%）	医疗保险（2%）	生育保险（0%）	失业保险（0.1%）	合计
装配车间	毛一	3 100.00		248.00	62.00		3.10	313.10
	毛二	3 100.00		248.00	62.00		3.10	313.10
	毛三	3 100.00		248.00	62.00		3.10	313.10
	毛四	3 100.00		248.00	62.00		3.10	313.10
	毛五	3 100.00		248.00	62.00		3.10	313.10
	毛六	3 100.00		248.00	62.00		3.10	313.10
小计				1 488.00	372.00		18.60	
销售部	汤一	3 100.00		248.00	62.00		3.10	313.10
	汤二	3 100.00		248.00	62.00		3.10	313.10
	汤三	3 100.00		248.00	62.00		3.10	313.10
	汤四	3 100.00		248.00	62.00		3.10	313.10
	汤五	3 100.00		248.00	62.00		3.10	313.10
小计				1 240.00	310.00		15.50	
总计				15 104.00	3 776.00		188.80	19 068.80

借：应付职工薪酬——工资　　　　　　　　　　　19 068.80
　　贷：应交税费——五险　　　　　　　　　　　　19 068.80

54. 1月份工资表如下:

单位：元

部门	姓名	基本工资	职务工资	岗位工资	奖金	交通补贴	误餐补贴	应发合计	事假扣款	病假扣款	迟到扣款	旷工扣款	代扣水电	代扣五险	代扣个税	扣款合计	实发合计
财务部	李一	8 000.00	1 000.00	500.00	600.00	400.00	200.00	10 700.00			40.00	983.91	46.75	1 010.00	156.61	2 237.27	8 462.73
	李二	4 800.00	800.00	300.00	200.00	400.00	200.00	6 700.00						656.50	31.31	687.81	6 012.19
	李三	3 500.00	500.00	200.00	150.00	400.00	200.00	4 950.00	227.59				50.40	484.80		762.79	4 187.21
	李四	2 500.00	200.00	100.00	120.00	400.00	200.00	3 520.00						323.20		323.20	3 196.80
	小计							25 870.00	227.59		40.00	983.91	97.15	2 474.50	189.92	4 011.07	21 858.93
采购部	张一	3 500.00	600.00	200.00	300.00	400.00	200.00	5 200.00				239.08	49.60	505.00		793.68	4 406.32
	张二	3 000.00	500.00	150.00	200.00	400.00	200.00	4 450.00						404.00		404.00	4 046.00
	张三	3 000.00	400.00	150.00	250.00	400.00	200.00	4 500.00						454.50		454.50	4 045.50
	张四	2 500.00	300.00	100.00	200.00	400.00	200.00	3 700.00	340.23	153.10	160.00		43.90	353.50		1 050.73	2 649.27
	张五	2 000.00	200.00	100.00	200.00	400.00	200.00	3 100.00						313.10		313.10	2 786.90
	小计							20 950.00	340.23	153.10	160.00	239.08	93.50	2 030.10		3 016.01	17 933.99
人事部	王一	5 000.00	700.00	300.00	500.00	400.00	200.00	7 100.00	1 305.75				40.25	707.00	2.62	2 055.62	5 044.38
	王二	3 600.00	500.00	120.00	240.00	400.00	200.00	5 060.00	465.29				37.40	505.00		1 007.69	4 052.31
	王三	2 800.00	400.00	100.00	100.00	400.00	200.00	4 000.00						404.00		404.00	3 596.00
	小计							16 160.00	1 771.04				77.65	1 616.00	2.62	3 467.31	12 692.69
工程开发部	万一	6 000.00	500.00	400.00	300.00	400.00	200.00	7 800.00	717.24				66.25	707.00	41.27	1 531.76	6 268.24
	万二	5 500.00	500.00	350.00	400.00	400.00	200.00	7 350.00	675.86		2 027.59		69.10	707.00		3 479.55	3 870.45
	万三	4 000.00	400.00	200.00	60.00	400.00	200.00	5 260.00						525.20		525.20	4 734.80
	万四	3 600.00	350.00	200.00	130.00	400.00	200.00	4 880.00						464.60		464.60	4 415.40
	万五	3 500.00	350.00	200.00	240.00	400.00	200.00	4 890.00						464.60		464.60	4 425.40
	万六	4 000.00	300.00	250.00	160.00	400.00	200.00	5 310.00	244.14				61.80	515.10		821.04	4 488.96
	小计							35 490.00	1 637.24		2 027.59		197.15	3 383.50	41.27	7 286.75	28 203.25

续上表

部门	姓名	基本工资	职务工资	岗位工资	奖金	交通补贴	误餐补贴	应发合计	事假扣款	病假扣款	迟到扣款	旷工扣款	代扣水电	代扣五险	代扣个税	扣款合计	实发合计
车间办公室	陈一	8 000.00	600.00	300.00	400.00	400.00	200.00	9 900.00	2 275.86				55.30	909.00	51.45	3 291.61	6 608.39
	陈二	6 500.00	550.00	250.00	60.00	400.00	200.00	7 960.00	1 463.91		80.00		63.40	767.60	19.45	2 394.36	5 565.64
	陈三	5 000.00	400.00	200.00	80.00	400.00	200.00	6 280.00	2 021.15			1 732.41	63.40	606.00		4 422.96	1 857.04
	陈四	3 000.00	400.00	200.00	0	400.00	200.00	4 200.00						424.20		424.20	3 775.80
	陈五	2 000.00	250.00	100.00	80.00	400.00	200.00	3 030.00						282.80		282.80	2 747.20
	小计							31 370.00	5 760.92		80.00	1 732.41	182.10	2 989.60	70.90	10 815.93	20 554.07
生产车间	董一	2 500.00	200.00	150.00	100.00	400.00	200.00	3 550.00	489.66				53.25	313.10		936.01	2 613.99
	董二	2 500.00	200.00	150.00	100.00	400.00	200.00	3 550.00	326.44				46.75	313.10		686.29	2 863.71
	董三	2 500.00	200.00	150.00	100.00	400.00	200.00	3 550.00	326.44				43.10	313.10		682.64	2 867.36
	董四	2 500.00	200.00	150.00	100.00	400.00	200.00	3 550.00						313.10		313.10	3 236.90
	董五	2 500.00	200.00	150.00	100.00	400.00	200.00	3 550.00						313.10		313.10	3 236.90
	董六	2 500.00	200.00	150.00	100.00	400.00	200.00	3 550.00						313.10		313.10	3 236.90
	董七	2 500.00	200.00	150.00	100.00	400.00	200.00	3 550.00						313.10		313.10	3 236.90
	董八	2 500.00	200.00	150.00	100.00	400.00	200.00	3 550.00						313.10		313.10	3 236.90
	董九	2 500.00	200.00	150.00	100.00	400.00	200.00	3 550.00						313.10		313.10	3 236.90
	董十	2 500.00	200.00	150.00	100.00	400.00	200.00	3 550.00						313.10		313.10	3 236.90
	小计							35 500.00	1 142.54		80.00		143.10	3 131.00		4 496.64	31 003.36
装配车间	毛一	2 500.00	200.00	150.00	100.00	400.00	200.00	3 550.00					37.40	313.10		350.50	3 199.50
	毛二	2 500.00	200.00	150.00	100.00	400.00	200.00	3 550.00					31.30	313.10		344.40	3 205.60
	毛三	2 500.00	200.00	150.00	100.00	400.00	200.00	3 550.00	163.22				38.70	313.10		515.02	3 034.98
	毛四	2 500.00	200.00	150.00	100.00	400.00	200.00	3 550.00						313.10		313.10	3 236.90
	毛五	2 500.00	200.00	150.00	100.00	400.00	200.00	3 550.00						313.10		313.10	3 236.90
	毛六	2 500.00	200.00	150.00	100.00	400.00	200.00	3 550.00						313.10		313.10	3 236.90
	小计							21 300.00	163.22				107.40	1 878.60		2 149.22	19 150.78

续上表

部门	姓名	基本工资	职务工资	岗位工资	奖金	交通补贴	误餐补贴	应发合计	事假扣款	病假扣款	迟到扣款	旷工扣款	代扣水电	代扣五险	代扣个税	扣款合计	实发合计
销售部	汤一	2 000.00	200.00	300.00	0	400.00	200.00	3 100.00	285.06				53.25	313.10		651.41	2 448.59
	汤二	2 000.00	200.00	300.00	0	400.00	200.00	3 100.00	570.11				37.40	313.10		920.61	2 179.39
	汤三	2 000.00	200.00	300.00	0	400.00	200.00	3 100.00	855.17				74.80	313.10		1 243.07	1 856.93
	汤四	2 000.00	200.00	300.00	0	400.00	200.00	3 100.00						313.10		313.10	2 786.90
	汤五	2 000.00	200.00	300.00	0	400.00	200.00	3 100.00						313.10		313.10	2 786.90
小计								15 500.00	1 710.34				165.45	1 565.50		3 441.29	12 058.71
总计								202 140.00	12 753.12	153.10	2 227.59	2 955.40	1 063.50	19 068.80	304.71	38 684.22	163 455.78

制表：　　　　　　　　　　　审核：

借：生产成本——甲产品——直接人工　　　　　　　　33 248.54
　　　生产成本——乙产品——直接人工　　　　　　　　22 165.70
　　　制造费用——生产车间——工资　　　　　　　　　14 278.00
　　　制造费用——装配车间——工资　　　　　　　　　 9 518.67
　　　管理费用——工资　　　　　　　　　　　　　　　90 890.22
　　　销售费用——工资　　　　　　　　　　　　　　　13 789.66
　　贷：应付职工薪酬——工资　　　　　　　　　　　 183 890.79
借：应付职工薪酬——工资　　　　　　　　　　　　　　 304.71
　　贷：应交税费——应交个人所得税　　　　　　　　　 304.71

55. 计提公司承担的"五险"明细表如下：

单位：元

部门	姓名	计提基数	工伤保险（0.4%）	养老保险（12%）	医疗保险（7%）	生育保险（0.85%）	失业保险（0.2%）	合计
财务部	李一	10 000.00	40.00	1 200.00	700.00	85.00	20.00	2 045.00
	李二	6 500.00	26.00	780.00	455.00	55.25	13.00	1 329.25
	李三	4 800.00	19.20	576.00	336.00	40.80	9.60	981.60
	李四	3 200.00	12.80	384.00	224.00	27.20	6.40	654.40
小计		24 500.00	98.00	2 940.00	1 715.00	208.25	49.00	5 010.25
采购部	张一	5 000.00	20.00	600.00	350.00	42.50	10.00	1 022.50
	张二	4 000.00	16.00	480.00	280.00	34.00	8.00	818.00
	张三	4 500.00	18.00	540.00	315.00	38.25	9.00	920.25
	张四	3 500.00	14.00	420.00	245.00	29.75	7.00	715.75
	张五	3 100.00	12.40	372.00	217.00	26.35	6.20	633.95
小计		20 100.00	80.40	2 412.00	1 407.00	170.85	40.20	4 110.45
人事部	王一	7 000.00	28.00	840.00	490.00	59.50	14.00	1 431.50
	王二	5 000.00	20.00	600.00	350.00	42.50	10.00	1 022.50
	王三	4 000.00	16.00	480.00	280.00	34.00	8.00	818.00
小计		16 000.00	64.00	1 920.00	1 120.00	136.00	32.00	3 272.00
工程开发部	万一	7 000.00	28.00	840.00	490.00	59.50	14.00	1 431.50
	万二	7 000.00	28.00	840.00	490.00	59.50	14.00	1 431.50
	万三	5 200.00	20.80	624.00	364.00	44.20	10.40	1 063.40
	万三	4 600.00	18.40	552.00	322.00	39.10	9.20	940.70
	万四	4 600.00	18.40	552.00	322.00	39.10	9.20	940.70
	万五	5 100.00	20.40	612.00	357.00	43.35	10.20	1 042.95
小计		33 500.00	134.00	4 020.00	2 345.00	284.75	67.00	6 850.75
车间办公室	陈一	9 000.00	36.00	1 080.00	630.00	76.50	18.00	1 840.50
	陈二	7 600.00	30.40	912.00	532.00	64.60	15.20	1 554.20
	陈三	6 000.00	24.00	720.00	420.00	51.00	12.00	1 227.00
	陈四	4 200.00	16.80	504.00	294.00	35.70	8.40	858.90
	陈五	2 800.00	11.20	336.00	196.00	23.80	5.60	572.60
小计		29 600.00	118.40	3 552.00	2 072.00	251.60	59.20	6 053.20

续上表

部门	姓名	计提基数	工伤保险（0.4%）	养老保险（12%）	医疗保险（7%）	生育保险（0.85%）	失业保险（0.2%）	合计
生产车间	董一	3 100.00	12.40	372.00	217.00	26.35	6.20	633.95
	董二	3 100.00	12.40	372.00	217.00	26.35	6.20	633.95
	董三	3 100.00	12.40	372.00	217.00	26.35	6.20	633.95
	董四	3 100.00	12.40	372.00	217.00	26.35	6.20	633.95
	董五	3 100.00	12.40	372.00	217.00	26.35	6.20	633.95
	董六	3 100.00	12.40	372.00	217.00	26.35	6.20	633.95
	董七	3 100.00	12.40	372.00	217.00	26.35	6.20	633.95
	董八	3 100.00	12.40	372.00	217.00	26.35	6.20	633.95
	董九	3 100.00	12.40	372.00	217.00	26.35	6.20	633.95
	董十	3 100.00	12.40	372.00	217.00	26.35	6.20	633.95
小计		31 000.00	124.00	3 720.00	2 170.00	263.50	62.00	6 339.50
装配车间	毛一	3 100.00	12.40	372.00	217.00	26.35	6.20	633.95
	毛二	3 100.00	12.40	372.00	217.00	26.35	6.20	633.95
	毛三	3 100.00	12.40	372.00	217.00	26.35	6.20	633.95
	毛四	3 100.00	12.40	372.00	217.00	26.35	6.20	633.95
	毛五	3 100.00	12.40	372.00	217.00	26.35	6.20	633.95
	毛六	3 100.00	12.40	372.00	217.00	26.35	6.20	633.95
小计		18 600.00	74.40	2 232.00	1 302.00	158.10	37.20	3 803.70
销售部	汤一	3 100.00	12.40	372.00	217.00	26.35	6.20	633.95
	汤二	3 100.00	12.40	372.00	217.00	26.35	6.20	633.95
	汤三	3 100.00	12.40	372.00	217.00	26.35	6.20	633.95
	汤四	3 100.00	12.40	372.00	217.00	26.35	6.20	633.95
	汤五	3 100.00	12.40	372.00	217.00	26.35	6.20	633.95
小计		15 500.00	62.00	1 860.00	1 085.00	131.75	31.00	3 169.75
总计		188 800.00	755.20	22 656.00	13 216.00	1 604.80	377.60	38 609.60

借：生产成本——甲产品——直接人工　　　　　　6 085.92
　　生产成本——乙产品——直接人工　　　　　　4 057.28
　　制造费用——生产车间——工资　　　　　　　3 631.92
　　制造费用——装配车间——工资　　　　　　　2 421.28
　　管理费用——工资　　　　　　　　　　　　　19 243.45
　　销售费用——工资　　　　　　　　　　　　　3 169.75
　贷：应交税费——五险　　　　　　　　　　　　38 609.60

56.

中国工商银行电子银行回单

电子回单号码			指令序号		
回单类型			境内汇款		
收款人	户名	广州今日股份有限公司	付款人	户名	广东南村实业股份有限公司
	卡（账）号	6276 5632 9875 09		卡（账）号	6276 6532 9875 12
	收款银行	农行中山支行		付款银行	工行天河支行
币种		人民币	钞汇标志		钞
金额		23 052.00	手续费		10
合计	人民币（大写）	贰万叁仟零陆拾贰元整			
交易时间		2021年1月30日			
附言		支付购买大米款			
验证码					

中国工商银行广州天河支行 2021.01.30 转讫

4400124132

广东增值税普通发票

No 40101832

开票日期：2021 年 01 月 30 日

购买方	名　　称：广东南村实业股份有限公司 纳税人识别号：9765 7698 1245 4357 78 地址、电话：广州市一新路1号 开户行及账号：工行天河支行　6276 6532 9875 12	密码区	（略）

货物或应税劳务名称	规格型号	单位	数量	单价	金额	税率	税额
大米		袋	300.00	68.00	20 400.00	13%	2 652.00
合　计					￥20 400.00		￥2 652.00

价税合计（大写）	⊗ 贰万叁仟零伍拾贰元整	（小写）￥23 052.00

销售方	名　　称：广州今日股份有限公司 纳税人识别号：9765 7698 1245 4376 56 地址、电话：广州市中山路25号　62286387 开户行及账号：农行中山支行　6276 5632 9875 09	备注	

收款人：　　　　　　复核：　　　　　　开票人：　　　　　　销售方：（章）

广州今日股份有限公司 9765769812454376 56 发票专用章

大米费用分配表

序号	部门	数量	计量单位	单价	金额/元	签字
1	财务部	20	袋	76.84	1 536.80	
2	生产车间	120	袋	76.84	9 220.80	
3	装配车间	100	袋	76.84	7 684.00	
4	总经理办	36	袋	76.84	2 766.24	
5	销售部	24	袋	76.84	1 844.16	
	合计	300			23 052.00	

制表：钟婷　　　　　　　　　　　审核：胡瑞艳

借：管理费用——福利费 　　　　　　　　　　　　　　4 303.04
　　销售费用——福利费 　　　　　　　　　　　　　　1 844.16
　　制造费用——生产车间——福利费 　　　　　　　　9 220.80
　　制造费用——装配车间——福利费 　　　　　　　　7 684.00
　　财务费用——手续费 　　　　　　　　　　　　　　10.00
　　贷：银行存款——工行 　　　　　　　　　　　　　23 062.00

57.

广东省医疗收费票据

业务流水号：×××　　　社会保险号：×××　　　　　　　　病历号：×××
住院（科室）：外科　　住院号：×××　医院类型：三级医院　　2021年1月30日

姓名	毛一	√□门诊 □急诊 □住院		住院日期		出院日期	
性别	□男 □女	医保统筹/公医记账		个人缴费	590.00	结算方式	
医药费	金额	诊查费	金额	治疗费	金额	其他	金额
西药	80.00	诊查费	30.00				
中成药	60.00	检查费	420.00				
预交款		补收		退款		欠款	
合计人民币（大写）	伍佰玖拾元整						

（现金付讫）

收款单位（盖章）：　　　　　　复核：　　　　　　　　收款人：陶吉

借：制造费用——装配车间——福利费　　　　　　590.00
　　贷：库存现金　　　　　　　　　　　　　　　590.00

58.

材料成本差异率计算表

期初材料成本差异额	期初材料计划成本	本期购进材料实际成本	本期购进材料计划成本	本期购进材料成本差异额	材料成本差异总额	计划成本总额	本期材料成本差异率
3 600.00	970 000.00	533 000.00	520 000.00	13 000.00	16 600.00	1 490 000.00	0.011 1

59.

成本差异额计算表

部门：生产车间　　用途：生产甲产品　　投产量：6 000　　投产时间：2021年1月30日

名称	规格	计量单位	数量	计划单价/元	计划总额/元	差异率	差异额/元
A材料	X-1	个	6 600	20.00	132 000.00	0.011 1	1 465.20
B材料	Y-1	个	6 000	30.00	180 000.00	0.011 1	1 998.00
C材料	M-1	个	6 000	40.00	240 000.00	0.011 1	2 664.00
合计					552 000.00		6 127.20

制表：　　　　　　审核：

借：生产成本——甲产品——直接材料　　　　　　　　　6 127.20
　　贷：材料成本差异　　　　　　　　　　　　　　　　　　　6 127.20

60.

成本差异额计算表

部门：生产车间　　　用途：乙产品生产　　　投产量：5 000　　　投产时间：2021 年 1 月 20 日

名称	规格	计量单位	数量	计划单价/元	计划总额/元	差异率	差异额/元
A 材料	X-1	个	5 400	20.00	108 000.00	0.011 1	1 198.80
B 材料	Y-1	个	5 000	30.00	150 000.00	0.011 1	1 665.00
C 材料	M-1	个	5 000	40.00	200 000.00	0.011 1	2 220.00
合计					458 000.00		5 083.80

制表：　　　　　　　　　审核：

借：生产成本——乙产品——直接材料　　　　　　　　　5 083.80
　　贷：材料成本差异　　　　　　　　　　　　　　　　　　　5 083.80

61.

成本差异额计算表

部门：生产车间　　　用途：生产车间一般耗用　　　投产量：　　　投产时间：2021 年 1 月 30 日

名称	规格	计量单位	数量	计划单价/元	计划总额/元	差异率	差异额/元
A 材料	X-1	个	1 000	20.00	20 000.00	0.011 1	222.00
合计							222.00

制表：　　　　　　　　　审核：

借：制造费用——生产车间——材料费用　　　　　　　222.00
　　贷：材料成本差异　　　　　　　　　　　　　　　　　　　222.00

62.

成本差异额计算表

部门：装配车间　　　用途：生产车间一般耗用　　　投产量：　　　投产时间：2021 年 1 月 30 日

名称	规格	计量单位	数量	计划单价/元	计划总额/元	差异率	差异额/元
C 材料	M-1	个	300	40.00	12 000.00	0.011 1	133.20
合计							133.20

制表：　　　　　　　　　审核：

借：制造费用——装配车间——材料费用　　　　　　　133.20
　　贷：材料成本差异　　　　　　　　　　　　　　　　　　　133.20

63.

成本差异额计算表

部门：销售部门　　　　用途：对外销售　　　　投产量：　　　　投产时间：2021 年 1 月 30 日

名称	规格	计量单位	数量	计划单价/元	计划总额/元	差异率	差异额/元
C 材料	M－1	个	500	40.00	20 000.00	0.011 1	222.00
合计							222.00

制表：　　　　　　　　　　审核：

借：其他业务成本　　　　　　　　　　222.00
　　贷：材料成本差异　　　　　　　　　222.00

64.

生产车间制造费用明细表

单位：元

序号	费用名称	金额
1	办公费	1 572.60
2	电话费	229.00
3	餐费	800.00
4	车辆费	2 368.04
5	电费	81 900.00
6	房租	46 000.00
7	加油费	1 004.00
8	材料费	20 222.00
9	其他	500.00
10	折旧费	15 296.03
11	福利费	9 220.80
12	工资	17 909.92
合计		197 022.39

制表：　　　　　　　　　　审核：

借：生产成本——甲产品——制造费用　　　　118 213.43
　　生产成本——乙产品——制造费用　　　　78 808.96
　　贷：制造费用——生产车间——办公费　　　1 572.60
　　　　制造费用——生产车间——电话费　　　229.00
　　　　制造费用——生产车间——餐费　　　　800.00
　　　　制造费用——生产车间——车辆费　　　2 368.04
　　　　制造费用——生产车间——电费　　　　81 900.00
　　　　制造费用——生产车间——房租　　　　46 000.00

制造费用——生产车间——加油费	1 004.00
制造费用——生产车间——材料费	20 222.00
制造费用——生产车间——其他	500.00
制造费用——生产车间——折旧费	15 296.03
制造费用——生产车间——福利费	9 220.80
制造费用——生产车间——工资	17 909.92

65.

装配车间制费用明细表

单位：元

序号	费用名称	金额
1	办公费	1 188.40
2	电话费	216.00
3	电费	700.00
4	房租	24 610.00
5	折旧费	150.00
6	材料费	12 133.20
7	福利费	8 274.00
8	工资	11 939.95
	合计	59 211.55

制表：　　　　　　　　　　　　　审核：

借：生产成本——甲产品——制造费用	35 526.93
生产成本——乙产品——制造费用	23 684.62
贷：制造费用——装配车间——办公费	1 188.40
制造费用——装配车间——电话费	216.00
制造费用——装配车间——电费	700.00
制造费用——装配车间——房租	24 610.00
制造费用——装配车间——折旧费	150.00
制造费用——装配车间——材料费	12 133.20
制造费用——装配车间——工资	11 939.95
制造费用——装配车间——福利费	8 274.00

66.

生产车间成本计算单

产品名称：甲产品　　　　　　2021 年 1 月　　　　　　　　　　　　单位：元
生产部门：生产车间　　　完工合格产品数量：5 000 个　　　　　在产品量：1 000 个

项目	直接材料	直接人工	制造费用	合计
期初在产品成本	0	0	0	
本月生产费用	666 127.20	39 334.46	153 740.36	859 202.02
生产费用合计	666 127.20	39 334.46	153 740.36	859 202.02
完工合格品数量	5 000.00	5 000.00	5 000.00	
在产品数量	1 000.00	1 000.00	1 000.00	

续上表

项目	直接材料	直接人工	制造费用	合计
在产品约当量	1 000.00	800.00	800.00	
分配率	111.02	6.78	26.51	144.31
完工产品单位成本	111.02	6.78	26.51	144.31
本月完工产品成本	555 106.00	33 909.02	132 534.79	721 549.81
月末在产品成本	111 021.20	5 425.44	21 205.57	137 652.21

制表：　　　　　　　　　　　　审核：

借：库存商品——甲产品　　　　　　　　　　　721 549.81
　　贷：生产成本——甲产品——直接材料　　　555 106.00
　　　　生产成本——甲产品——直接人工　　　33 909.03
　　　　生产成本——甲产品——制造费用　　　132 534.79

产品入库单

2021 年 1 月 22 日

部门：生产车间　　　　　　　　　　　　　　　　　单号：×××
　　　　　　　　　　　　　　　　　　　　　　　　仓库：×××

编号	名称	规格	数量/个	单价/元	总额/元	备注
	甲产品		5 000	144.31	721 549.81	
合计（大写）：柒拾贰万壹仟伍佰肆拾玖元捌角壹分					721 549.81	

仓管员：　　　　　　　　　　财务经理：　　　　　　　　　　仓库经理：

67.

生产车间成本计算单

产品名称：乙产品　　　　　　2021 年 1 月　　　　　　　　　　单位：元
生产部门：生产车间　　　　　　完工合格产品数量：5 000 个　　　在产品量：0 个

项目	直接材料	直接人工	制造费用	合计
期初在产品成本	0	0	0	0
本月生产费用	463 083.80	26 222.98	102 493.58	591 800.36
生产费用合计	463 083.80	26 222.98	102 493.58	591 800.36
完工合格品数量	5 000	5 000	5 000	
在产品数量	0	0	0	
在产品约当量	0	0	0	
分配率	92.62	5.24	20.50	118.36
完工产品单位成本	92.62	5.24	20.50	118.36
本月完工产品成本	463 083.80	26 222.98	102 493.58	591 800.36
月末在产品成本	0	0	0	0

制表：　　　　　　　　　　　　审核：

产品入库单

2021 年 1 月 22 日　　　　　　　　　　　　　　　　　　　　　　　单号：×××

部门：生产车间　　　　　　　　　　　　　　　　　　　　　　　　仓库：×××

编号	名称	规格	数量	单价/元	总额/元	备注
	乙产品		5 000	118.36	591 800.36	
合计（大写）：伍拾玖万壹仟捌佰元叁角陆分					591 800.36	

仓管员：　　　　　　　　　财务经理：　　　　　　　　　仓库经理：

借：库存商品　　　　　　　　　　　　　　591 800.36
　　贷：生产成本——乙产品——直接材料　　463 083.80
　　　　生产成本——乙产品——直接人工　　 26 222.98
　　　　生产成本——乙产品——制造费用　　102 493.58

68.

4400124133　　广东增值税专用发票　　No 40101833

记　账　联　　　　　　　　　　　　　　　　　　开票日期：2021 年 01 月 25 日

购买方	名　　　　称：广州环球股份有限公司 纳税人识别号：4325 7654 1239 8704 89 地址、电话：广州中成路 16 号 开户行及账号：工行天河支行 4321 7643 9876 65	密码区	（略）

货物或应税劳务名称	规格型号	单位	数量	单价	金额	税率	税额
甲产品	A－1	个	－10.00	110.00	－1 100.00	13%	－143.00
合　计					¥ －1 100.00		¥ －143.00
价税合计（大写）	⊗（负数）壹仟贰佰肆拾叁元整					（小写）￥－1 243.00	

销售方	名　　　　称：广东南村实业股份有限公司 纳税人识别号：9765 7698 1245 4357 78 地址、电话：广州市一新路 1 号 开户行及账号：工行天河支行　6276 6532 9875 12	备注	

收款人：　　　　　　　复核：　　　　　　　开票人：　　　　　　　销售方：（章）

广东南村实业股份有限公司入库单

部门：销售部　　　用途：产品销售　　　时间：1 月 25 日　　　单号：

名称	规格	计量单位	数量	单价/元	总额/元	备注
甲产品	A－1	个	－10.00			
合计			－10.00			

制表：　　　　　　仓管员：　　　　　　物料经理：　　　　　　财务经理：

中国工商银行电子银行回单

电子回单号码：			指令序号		
回单类型		境内汇款			
收款人	户名	广州环球股份有限公司	付款人	户名	广东南村实业股份有限公司
	卡（账）号	4321 7643 9876 65		卡（账）号	6276 6532 9875 12
	收款银行	工行天河支行		付款银行	工行天河支行
币种	人民币		钞汇标志		
金额	1 243.00		手续费		
合计	人民币（大写）	壹仟贰佰肆拾叁元整			
交易时间：		2021 年 1 月 25 日			
附言		支付退货款			
验证码					

（印章：中国工商银行广州天河支行 2021.01.25 转讫）

借：主营业务收入　　　　　　　　　　　　　　　　1 100.00
　　应交税费——应交增值税——销项税额　　　　　143.00
　贷：银行存款——工行　　　　　　　　　　　　　1243.00
借：应交税费——应交消费税　　　　　　　　　　　110.00
　贷：税金及附加　　　　　　　　　　　　　　　　110.00

69.

序号	产品名称	期初结存数量/个	期初结存金额/元	本期完工入库数量/个	本期入库金额/元	加权平均单位成本/元
1	甲产品	6 000	480 000.00	5 000	721 549.81	109.23
2	乙产品	12 000	840 000.00	5 000	591 800.36	84.22
	合计	18 000	1 320 000.00	10 000	1 313 350.17	

制表：　　　　　　　　　　　　　　审核：

70.

产品销售成本计算表

单位：元

名称	规格	计量单位	数量	单位成本	总额	备注
甲产品	A-1	个	4 990	109.23	545 057.70	
乙产品	B-1	个	6 500	84.22	547 430.00	
		合计	11 490		1 092 487.70	

制表：　　　　　　　　　　　　　　审核：

借：主营业务成本——甲产品　　　　　　　　　　　545 057.70
　　主营业务成本——乙产品　　　　　　　　　　　547 430.00
　贷：库存商品——甲产品　　　　　　　　　　　　545 057.70
　　　库存商品——乙产品　　　　　　　　　　　　547 430.00

71.

会计科目本期发生额第一次试算平衡表

单位：元

序号	会计科目	借方发生额	贷方发生额
1	银行存款	807 250.00	1 889 187.33
2	预收账款	55 000.00	
3	主营业务收入		1 623 900.00
4	应交税费（增值税）	272 482.00	212 511.00
5	税金及附加	162 390.00	
6	应交税费（其他）	132 231.85	220 373.11
7	其他应收款	3 000.00	3 000.00
8	库存现金	904.00	7 067.20
9	管理费用	134 707.72	
10	制造费用	256 233.94	256 233.94
11	销售费用	37 072.17	
12	库存商品	1 313 350.17	1 092 487.70
13	应收票据		156 000.00
14	应付票据	58 500.00	340 130.00
15	财务费用	296.00	
16	材料采购	533 000.00	533 000.00
17	应付账款	234 000.00	1 570 700.00
18	原材料	520 000.00	1 062 000.00
19	材料成本差异	17 000.00	15 788.20
20	应付职工薪酬	889 449.45	183 890.79
21	生产成本	1 343 002.38	1 313 350.17
22	其他业务成本	20 222.00	
23	其他业务收入		10 000.00
24	固定资产	1 841 300.00	5 000.00
25	固定资产清理	3 083.41	3 083.41
26	累计折旧	1 916.59	23 196.44
27	资产处置损益	2 283.41	
28	主营业务成本	1 092 487.70	
29	累计摊销		500.00
30	工程物资	480 000.00	480 000.00
31	在建工程	680 000.00	1 030 000.00
32	应收账款	1 141 300.00	
33	其他应付款		1 063.50
	合计	12 032 462.79	12 032 462.79

72. 列示管理费用明细表，并进行结转。

管理费用明细表

单位：元

序号	费用名称	金额
1	办公费	3 800.60
2	电话费	245.00
3	加油费	200.00
4	餐费	515.00
5	电费	1 190.00
6	房租	6 670.00
7	折旧费	7 650.41
8	工资	110 133.67
9	福利费	4 303.04
合计		134 707.72

制表：　　　　　　审核：

借：本年利润　　　　　　　　　　　　　　　134 707.72
　　贷：管理费用——办公费　　　　　　　　3 800.60
　　　　管理费用——电话费　　　　　　　　245.00
　　　　管理费用——加油费　　　　　　　　200.00
　　　　管理费用——餐费　　　　　　　　　515.00
　　　　管理费用——电费　　　　　　　　　1 190.00
　　　　管理费用——房租　　　　　　　　　6 670.00
　　　　管理费用——折旧费　　　　　　　　7 650.41
　　　　管理费用——工资　　　　　　　　　110 133.67
　　　　管理费用——福利费　　　　　　　　4 303.04

73. 列示销售费明细表，并进行结转。

销售费用明细表

单位：元

序号	费用名称	金额
1	办公费	3 922.40
2	电话费	510.00
3	差旅费	3 006.20
4	展览费	5 000.00
5	电费	210.00
6	房租	5 520.00
7	折旧费	100.00
8	工资	16 959.41
9	福利费	1 844.16
合计		37 072.17

制表：　　　　　　审核：

借：本年利润	37072.17	
贷：销售费用——办公费	3 922.40	
销售费用——电话费	510.00	
销售费用——差旅费	3 006.20	
销售费用——展览费	5 000.00	
销售费用——电费	210.00	
销售费用——房租	5 520.00	
销售费用——折旧费	100.00	
销售费用——工资	16 959.41	
销售费用——福利费	1 844.16	

74. 计算出当期应交的增值税和消费税，并计提当期应交的城市维护建设税和教育费附加以及相应的会计处理。

城市维护建设税、教育费附加计提表

单位：元

序号	税种	应缴税额	城市维护建设税计提比例	计提城市维护建设税税额	计提教育费附加比例	计提教育费附加税额	合计
1	增值税	0	7%	0	3%	0	
2	消费税	162 390.00	7%	11 367.30	3%	4 871.70	16 239.00
	合计			11 367.30		4 871.70	16 239.00

制表： 审核：

借：税金及附加	16 239.00
贷：应交税费——应交城市维护建设税	11 367.30
应交税费——教育费附加	4 871.70

75. 将其他损益类科目的发生额转入"本年利润"账户中，并进行结转。

单位：元

序号	会计科目	本期借方发生额	本期贷方发生额
1	其他业务成本	20 222.00	
2	主营业务成本	1 092 487.70	
3	税金及附加	178 629.00	
4	财务费用	296.00	
6	其他业务收入		10 000.00
7	主营业务收入		1 623 900.00
8	资产处置损益	2 283.41	
	合计	1 293 918.11	1 633 900.00

借：本年利润	1 291 634.70
贷：其他业务成本	20 222.00
主营业务成本	1 092 487.70
税金及附加	178 629.00
财务费用	296.00
借：主营业务收入	1 623 900.00
其他业务收入	10 000.00

    贷：本年利润   1 633 900.00
    借：本年利润   2 283.41
    贷：资产处置损益   2 283.41

76. 计算出当期的税前利润，并进行结转。

本期损益类有关会计账户发生额汇总表

单位：元

序号	会计科目	本期借方发生额	本期贷方发生额
1	其他业务成本	20 222.00	
2	主营业务成本	1 092 487.70	
3	税金及附加	178 629.00	
4	管理费用	134 707.72	
5	销售费用	37 072.17	
6	财务费用	296.00	
7	其他业务收入		10 000.00
8	主营业务收入		1 623 900.00
9	资产处置损益	2 283.41	
	合计	1 465 698.00	1 633 900.00

制表：   审核：

    借：本年利润   168 202.00
    贷：利润分配——未分配利润   168 202.00

77. 将应交增值税明细账的期末余额进行结转。

应交增值税汇总表

单位：元

借方						贷方				
进项税额	已交税金	出口抵减内销产品应纳税额	转出未交增值税	合计	销项税额	出口退税	进项税额转出	转出多交增值税	合计
272 482.00				272 482.00	212 511.00			59 971.00	272 482.00

    借：应交税费——未交增值税   59 971.00
    贷：应交税费——应交增值税——转出多交增值税   59 971.00

78.

会计科目本期发生额第二次试算平衡表

单位：元

序号	会计科目	借方发生额	贷方发生额
1	银行存款	807 250.00	1 889 187.33
2	库存现金	904.00	7 067.20
3	应收账款	1 141 300.00	
4	其他应收款	3 000.00	3 000.00

续上表

序号	会计科目	借方发生额	贷方发生额
5	工程物资	480 000.00	480 000.00
6	应收票据		156 000.00
7	原材料	520 000.00	1 062 000.00
8	材料成本差异	17 000.00	15 788.20
9	材料采购	533 000.00	533 000.00
10	库存商品	1 313 350.17	1 092 487.70
11	生产成本	1 343 002.38	1 313 350.17
12	固定资产	1 841 300.00	5 000.00
13	累计折旧	1 916.59	23 196.44
14	资产处置损益	2 283.41	2 283.41
15	固定资产清理	3 083.41	3 083.41
16	累计摊销		500.00
17	在建工程	680 000.00	1 030 000.00
18	制造费用	256 233.94	256 233.94
19	应交税费（其他）	192 202.85	236 612.11
20	预收账款	55 000.00	
21	应付票据	58 500.00	340 130.00
22	应付账款	234 000.00	1 570 700.00
23	应付职工薪酬	889 449.45	183 890.79
24	主营业务成本	1 092 487.70	1 092 487.70
25	主营业务收入	1 623 900.00	1 623 900.00
26	应交税费（增值税）	272 482.00	272 482.00
27	税金及附加	178 629.00	178 629.00
28	其他业务成本	20 222.00	20 222.00
29	其他业务收入	10 000.00	10 000.00
30	财务费用	296.00	296.00
31	管理费用	134 707.72	134 707.72
32	销售费用	37 072.17	37 072.17
33	其他应付款		1 063.50
34	本年利润	1 633 900.00	1 633 900.00
35	利润分配		168 202.00
	合计	15 376 472.79	15 376 472.79

79.

2021年1月会计科目期末余额试算平衡表

单位：元

序号	会计科目	期初借方余额	期初贷方余额	本期借方发生额	本期贷方发生额	期末借方余额	期末贷方余额
1	库存现金	25 000.00		904.00	7 067.20	18 836.80	
2	银行存款	1 343 105.58		807 250.00	1 889 187.33	261 168.25	
3	交易性金融资产	6 000.00				6 000.00	
4	应收账款	82 000.00		1 141 300.00		1 223 300.00	
5	坏账准备	-600.00				-600.00	
6	应收票据	156 000.00			156 000.00	0.00	
7	预付账款	25 000.00				25 000.00	
8	其他应收款	6 150.00		3 000.00	3 000.00	6 150.00	
9	材料采购			533 000.00	533 000.00	0.00	
10	材料成本差异	3 600.00		17 000.00	15 788.20	4 811.80	
11	库存商品	1 320 000.00		1 313 350.17	1 092 487.70	1 540 862.47	
12	原材料	970 000.00		520 000.00	1 062 000.00	428 000.00	
13	生产成本			1 343 002.38	1 313 350.17	29 652.21	
14	债权投资	36 000.00				36 000.00	
15	长期股权投资	24 500.00				24 500.00	
16	固定资产	9 664 000.00		1 841 300.00	5 000.00	11 500 300.00	
17	累计折旧	-485 080.06		1 916.59	23 196.44	-506 359.91	
18	工程物资	300 000.00		480 000.00	480 000.00	300 000.00	
19	固定资产清理			3 083.41	3 083.41	0.00	
20	无形资产	60 000.00				60 000.00	
21	累计摊销	-12 000.00			500.00	-12 500.00	
22	在建工程	350 000.00		680 000.00	1 030 000.00	0.00	
23	制造费用			256 233.94	256 233.94	0.00	
24	短期借款		2 540 000.00				2 540 000.00
25	应付票据		58 500.00	58 500.00	340 130.00		340 130.00
26	应付账款		702 000.00	234 000.00	1 570 700.00		2 038 700.00
27	应付职工薪酬		869 012.44	889 449.45	183 890.79		163 453.78
28	应交税费		132 231.85	464 684.85	509 094.11		176 641.11
29	其他应付款		8 940.00		1 063.50		10 003.50
30	预收账款		50 000.00	55 000.00			-5 000.00
31	长期借款		1 650 000.00				1 650 000.00
32	股本		7 558 167.00				7 558 167.00
33	资本公积		3 582.00				3 582.00
34	盈余公积		41 626.00				41 626.00

续上表

序号	会计科目	期初借方余额	期初贷方余额	本期借方发生额	本期贷方发生额	期末借方余额	期末贷方余额
35	利润分配		259 616.23		168 202.00		427 818.23
36	本年利润			1 633 900.00	1 633 900.00		0.00
37	其他业务收入			10 000.00	10 000.00		0.00
38	主营业务收入			1 623 900.00	1 623 900.00		0.00
39	资产处置损益			2 283.41	2 283.41		0.00
40	主营业务成本			1 092 487.70	1 092 487.70		0.00
41	其他业务成本			20 222.00	20 222.00		0.00
42	管理费用			134 707.72	134 707.72		0.00
43	销售费用			37 072.17	37 072.17		0.00
44	财务费用			296.00	296.00		0.00
45	税金及附加			178 629.00	178 629.00		0.00
	合计	13 873 675.52	13 873 675.52	15 376 472.79	15 376 472.79	14 945 121.62	14 945 121.62

二、公司各会计科目明细分类账和总分类账

（一）公司各会计科目明细分类账

库存现金日记账

2021年 月	日	凭证号码	摘要	对方科目	借方 百十万千百十元角分	贷方 百十万千百十元角分	借或贷	余额 百十万千百十元角分
1	1		期初余额				借	2 5 0 0 0 0
1	4	2	出差借款			3 0 0 0 0 0		
1	6	9	付差旅费			2 0 6 2 0		
1	7	10	付加油费			2 0 0 0 0		
1	8	11	付加油费			5 1 5 0 0		
1	8	12	付餐费			8 4 8 0		
1	7	13	付餐费			8 0 4 0		
1	13	30	付加油费			9 0 4 0		
1	14	31	购买办公用品		9 0 4 0 0			
1	15	40	出售电脑		9 0 4 0 0	5 9 0 0 0	借	1 8 8 3 6 2 0
1	30	57	报销药费		9 0 4 0 0	6 8 6 7 2 0		
			本月合计			7 0 6 7 2 0		
			本年累计					

银行存款（工行）日记账

2021年 月	日	凭证号码	摘要	对方科目	借方 百十万千百十元角分	贷方 百十万千百十元角分	借或贷	余额 百十万千百十元角分
1	1	1	期初余额				借	1 3 4 3 1 0 5 5 8
1	2	1	销售收款		7 1 5 0 0 0			
1	4	5	付办公品款			3 6 4 0 0		
1	5	6	收回商业票据款项		1 5 6 0 0 0 0			
1	5	7	付商业票据款			5 8 5 1 0 0 0		
1	5	8	付电话费			1 3 0 8 0 0		
1	7	14	付汽车保险费			2 3 6 8 0 4		
1	7	16	付材料款			6 5 5 4 0 0		
1	9	19	付材料运费			1 0 9 0 0 0		
1	9	20	缴纳上月税款			1 3 2 2 3 1 8 5		
1	11	21	付展览费			5 3 0 0 0 0		
1	11	22	付账户费			2 5 6 0 0		
1	12	23	付欠款			2 3 4 0 0 0 0		
1	13	24	销售收款		6 3 2 8 0 0 0			
1	13	27	付电费			9 4 9 2 0 0		
1	13	28	付房租			9 0 2 5 0 0		
1	13	29	发放工资			8 6 9 0 1 2 4		
1	14	36	销售材料款		1 1 3 0 0 0			
1	14	38	购买打印机			1 3 1 0 0 0		
1	16	43	支付货款			6 7 8 0 0 0		
1	16	44	支付工程款			2 1 8 0 1 0 0		
1	30	56	支付福利款			2 3 0 6 2 0 0		
1	25	68	销售退款			1 2 4 3 0 0		
			本月合计		8 0 7 2 5 0 0	8 8 9 1 8 7 3 3	借	2 6 1 1 6 8 2 5
			本年累计		8 0 7 2 5 0 0	8 8 9 1 8 7 3 3		

应收票据分类账

账户名称：上海环球

2021年		凭证号码	摘要	借方								√	贷方								借或贷	余额								核对
月	日			百	十	万	千	百	十	元	角	分		百	十	万	千	百	十	元	角	分		百	十	万	千	百	十	元	角	分	
1	1		期初余额																				借			1	5	6	0	0	0	0	
1	5	6	收回商业票据款项													1	5	6	0	0	0	0										
			本月合计													1	5	6	0	0	0	0						0	0	0	0	
			本年累计													1	5	6	0	0	0	0	平									

应收账款分类账

账户名称：北方制药

2021年		凭证号码	摘要	借方								√	贷方								借或贷	余额								核对
月	日			百	十	万	千	百	十	元	角	分		百	十	万	千	百	十	元	角	分		百	十	万	千	百	十	元	角	分	
1	1		期初余额																				借			8	2	0	0	0	0	0	

应收账款明细账

账户名称：广州环球

2021年		凭证号码	摘要	借方								贷方								√ 借或贷	余额								核对
月	日			百	十	万	千	百	十	元	角	分	百	十	万	千	百	十	元	角	分		百	十	万	千	百	十	元	角	分	
1	13	25	销售货物款			3	5	6	0	0	0	0																				
1	13	26	销售货物款			2	7	1	2	0	0	0																				
			本月合计			4	0	6	8	0	0	0										借			4	0	6	8	0	0	0	
			本年累计			4	0	6	8	0	0	0																				

账户名称：上海泰昌

2021年		凭证号码	摘要	借方								贷方								√ 借或贷	余额								核对
月	日			百	十	万	千	百	十	元	角	分	百	十	万	千	百	十	元	角	分		百	十	万	千	百	十	元	角	分	
1	3	3	销售乙产品款项		1	0	1	7	0	0	0	0																				
			本月合计		1	0	1	7	0	0	0	0										借		1	0	1	7	0	0	0	0	
			本年累计		1	0	1	7	0	0	0	0																				

应收账款分类账

账户名称：深圳润泰

2021年		凭证号码	摘要	借方								√	贷方								借或贷	余额								核对
月	日			百	十万	万	千	百	十	元	角	分		百	十万	万	千	百	十	元	角	分		百	十万	万	千	百	十	元	角	分	
1	2	2	销售甲产品款项		6	3	2	8	0	0	0	0											借		6	3	2	8	0	0	0	0	
			本月合计		6	3	2	8	0	0	0	0																					
			本年累计		6	3	2	8	0	0	0	0																					

坏账准备分类账

账户名称：

2021年		凭证号码	摘要	借方								√	贷方								借或贷	余额								核对
月	日			百	十万	万	千	百	十	元	角	分		百	十万	万	千	百	十	元	角	分		百	十万	万	千	百	十	元	角	分	
1	1		期初余额																				贷					6	0	0	0	0	

其他应收款分类账

账户名称：陈美华

2021年		凭证号码	摘要	借方								√借或贷	贷方									√借或贷	余额									核对
月	日			百	十	万	千	百	十	元	角	分		百	十	万	千	百	十	元	角	分		百	十	万	千	百	十	元	角	分	
1	2	4	出差借款				3	0	0	0	0	0																					
1	6	9	报销差旅费															3	0	0	0	0								0	0	0	
			本月合计				3	0	0	0	0	0					3	0	0	0	0		平									
			本年累计				3	0	0	0	0	0					3	0	0	0	0											

其他应收款分类账

账户名称：王一

2021年		凭证号码	摘要	借方								√借或贷	贷方									√借或贷	余额									核对
月	日			百	十	万	千	百	十	元	角	分		百	十	万	千	百	十	元	角	分		百	十	万	千	百	十	元	角	分	
1	1		期初余额										借														6	1	5	0	0	0	

页次

账户名称：材料采购

材料采购分类账

2021年		凭证号码	摘要	借方									√	贷方									借或贷	余额									核对
月	日			百	十	万	千	百	十	元	角	分		百	十	万	千	百	十	元	角	分		百	十	万	千	百	十	元	角	分	
7	1	15	采购材料			4	1	0	0	0	0	0				4	1	0	0	0	0	0											
7	1	16	采购材料			5	8	0	0	0	0	0				5	8	0	0	0	0	0											
7	1	17	采购材料			7	8	0	0	0	0	0				7	8	0	0	0	0	0											
8	1	18	采购材料		1	2	3	0	0	0	0	0			1	2	3	0	0	0	0	0											
9	1	19	采购材料		2	3	3	0	0	0	0	0			2	3	3	0	0	0	0	0											
			本月合计		5	3	3	0	0	0	0	0			5	3	3	0	0	0	0	0	平									0	
			本年累计		5	3	3	0	0	0	0	0			5	3	3	0	0	0	0	0											

材料成本差异分类账

账户名称：

2021年		凭证号码	摘要	借方	√	贷方	借贷	余额	核对
月	日			百十万千百十元角分		百十万千百十元角分		百十万千百十元角分	
1	1		期初余额				借	3 6 0 0 0 0	
1	7	15	采购材料	1 0 0 0 0 0					
1	7	16	采购材料			2 0 0 0 0 0			
1	7	17	采购材料			2 0 0 0 0 0			
1	8	18	采购材料	3 0 0 0 0 0					
1	9	19	采购材料	1 3 0 0 0 0					
1	30	59	分摊材料成本差异			6 1 2 7 2 0			
1	30	60	分摊材料成本差异			5 0 8 3 8 0			
1	30	61	分摊材料成本差异			2 2 2 0 0			
1	30	62	分摊材料成本差异			1 3 3 2 0			
1	30	63	分摊材料成本差异			2 2 8 2 0			
1	30		本月合计	1 7 0 0 0 0 0		1 5 7 8 8 2 0	借	4 8 1 1 8 0	
1	30		本年累计	1 7 0 0 0 0 0		1 5 7 8 8 2 0			

原材料

最高存量：
最低存量：
明细科目：A材料
品名：　　类别：　　存放地点：　　规格：　　计量单位：　　编号：　　账号：　　总页码：

2021年		凭证号码	摘要	借方									贷方									借或贷	余额									核对
月	日			数量	单价	百	十	万	千	百	十	元	角	分	数量	单价	百	十	万	千	百	十	元	角	分		数量	单价	百	十	万	千	百	十	元	角	分	
1	1		期初余额																							借	15 000	20.00			3	0	0	0	0	0	0	√
1	7	15	采购材料	2 000	20.00			4	0	0	0	0	0	0																							
1	9	19	采购材料	5 000	20.00		1	0	0	0	0	0	0	0																							
1	12	32	生产领料												6 000	20.00		1	2	0	0	0	0	0	0												
1	12	32	生产领料												5 000	20.00		1	0	0	0	0	0	0	0												
1	12	33	生产领料												1 000	20.00			2	0	0	0	0	0	0												
1	15	34	车间用料												1 000	20.00			2	0	0	0	0	0	0	借	9 000	20.00			1	8	0	0	0	0	0
			本月合计				1	4	0	0	0	0	0	0				2	6	0	0	0	0	0	0												
			本年累计				1	4	0	0	0	0	0	0				2	6	0	0	0	0	0	0												

原 材 料

最高存量：
最低存量：

明细科目：B材料
品名： 类别： 存放地点： 规格： 计量单位： 编号： 账号：页次

2021年		凭证号码	摘要	收入（借方）			发出（贷方）			结存（余额）			借或贷	核对
月	日			数量	单价	金额	数量	单价	金额	数量	单价	金额		
1	1		期初余额							2 000	30.00	60 000.00	借	✓
1	7	16	采购材料	6 000	30.00	180 000.00								
1	12	32	生产领料				6 000	30.00	180 000.00					
1	12	32	生产领料				5 000	30.00	150 000.00					
			本月合计	6 000		180 000.00								
			本年累计	6 000		180 000.00				4 000	30.00	120 000.00	借	

原材料

明细科目：C材料
品名：　　　　　类别：　　　　　存放地点：　　　　　规格：　　　　　计量单位：　　　　　编号：
最高存量：　　　　　最低存量：
账号：　　　　　总页码：　　　　　页次：

2021年		凭证号码	摘要	借方			贷方			借或贷	余额		
月	日			数量	单价	金额	数量	单价	金额		数量	单价	金额
1	1		期初余额							借	2 000	40.00	80 000.00
1	7	17	采购材料	2 000	40.00	80 000.00							
1	8	18	采购材料	3 000	40.00	120 000.00							
1	9	19	采购材料	3 000	40.00	120 000.00							
1	12	32	生产领料				6 000	40.00	240 000.00				
1	12	32	生产领料				5 000	40.00	200 000.00				
1	15	35	车间用料				300	40.00	12 000.00				
1	14	36	销售材料				500	40.00	20 000.00				
			本月合计			320 000.00			472 000.00	借	3 200	40.00	128 000.00
			本年累计			320 000.00			472 000.00	借	3 200	40.00	128 000.00

库存商品

最高存量：
最低存量：
明细科目：甲商品
品名：

类别：				存放地点：							规格：				计量单位：							编号：								
2021年	凭证号码	摘要	√	数量	单价	借方金额						√	数量	单价	贷方金额							借或贷	数量	单价	余额金额							核对
月	日						百	十	万	千	百	十	元	角	分					百	十	万	千	百	十	元	角	分					百	十	万	千	百	十	元	角	分
1	1	期初余额		5 000	144.31																								借	6 000	80.00			4	8	0	0	0	0	0	0
1	30	66	完工入库					7	2	1	5	4	9	8	1																										
1	30	70	销售甲产品出库		4 990	109.23												5	4	5	0	5	7	7	0				借	6 010	109.23		6	5	6	4	9	2	1	1
			本月合计					7	2	1	5	4	9	8	1				5	4	5	0	5	7	7	0														
			本年累计					7	2	1	5	4	9	8	1				5	4	5	0	5	7	7	0														

账号：
页次：
总页码：

库 存 商 品

最高存量：						
最低存量：				账号：		
明细科目：乙商品			类别：	页次：		
品名：						

存放地点：　　　　规格：　　　　计量单位：　　　　编号：

2021年		凭证号码	摘要	借方			√	贷方			借或贷	余额			核对	总页码
月	日			数量	单价	金额（百十万千百十元角分）		数量	单价	金额（百十万千百十元角分）		数量	单价	金额（百十万千百十元角分）		
1	1		期初余额	5 000	118.36	591 800.36					借	12 000	70.00	840 000.00		
1	30	67	完工入库	5 000	118.36	591 800.36										
1	30	70	销售乙产品出库					6 500	84.22	547 430.00	借	10 500	84.22	884 370.36		
			本月合计							547 430.00						
			本年累计							547 430.00						

预付账款

账户名称：广州苏宁

2021年		凭证号码	摘要	借方									贷方									√	借或贷	余额									核对
月	日			百	十	万	千	百	十	元	角	分	百	十	万	千	百	十	元	角	分			百	十	万	千	百	十	元	角	分	
1	1		期初余额																				借				5	0	0	0	0	0	

预付账款明细账

账户名称：广州威驰

2021年		凭证号码	摘要	借方									贷方									√	借或贷	余额									核对
月	日			百	十	万	千	百	十	元	角	分	百	十	万	千	百	十	元	角	分			百	十	万	千	百	十	元	角	分	
1	1		期初余额																				借			2	5	0	0	0	0	0	

预付账款明细账

账户名称：广州中胜

2021年		凭证号码	摘要	借方									√	借或贷	贷方									余额									核对
月	日			百	十	万	千	百	十	元	角	分			百	十	万	千	百	十	元	角	分	百	十	万	千	百	十	元	角	分	
1	1		期初余额											贷													5	0	0	0	0	0	

交易性金融资产明细账

账户名称：交易性金融资产

2021年		凭证号码	摘要	借方									√	借或贷	贷方									余额									核对
月	日			百	十	万	千	百	十	元	角	分			百	十	万	千	百	十	元	角	分	百	十	万	千	百	十	元	角	分	
1	1		期初余额											借													6	0	0	0	0	0	

债权投资分类账

账户名称：债权投资

2021年		凭证号码	摘要	借方								√	贷方								借或贷	余额								核对
月	日			百	十	万	千	百	十	元	角	分		百	十	万	千	百	十	元	角	分		百	十	万	千	百	十	元	角	分	
1	1		期初余额																				借			3	6	0	0	0	0	0	

长期股权投资分类账

账户名称：长期股权投资

2021年		凭证号码	摘要	借方								√	贷方								借或贷	余额								核对
月	日			百	十	万	千	百	十	元	角	分		百	十	万	千	百	十	元	角	分		百	十	万	千	百	十	元	角	分	
1	1		期初余额																				借			2	4	5	0	0	0	0	

固定资产明细账

账号		
页次	总页码	

资产编号：　　　　　　　　　资产名称：HP 打印机　　　　　　　　　资产类别：办公设备
使用部门：办公室　　　　　　 使用状况：在用　　　　　　　　　　 使用年限：5 年
月折旧额：185　　　　　　　　净残值率：　　　　　　　　　　　　 开始使用时间：2021 年 1 月 14 日
折旧方法：直线法　　　　　　 数　量：1　　　　　　　　　　　　 净残值：

2021年		凭证号码	摘要	原值 借方										原值 贷方										原值 余额										累计折旧 借方										累计折旧 贷方										累计折旧 余额										净值									
月	日			百	十	万	千	百	十	元	角	分		百	十	万	千	百	十	元	角	分		百	十	万	千	百	十	元	角	分		百	十	万	千	百	十	元	角	分		百	十	万	千	百	十	元	角	分		百	十	万	千	百	十	元	角	分		百	十	万	千	百	十	元	角	分
1	14	38	购进			1	1	3	0	0	0	0																																																						1	1	3	0	0	0	0
			本月合计			1	1	3	0	0	0	0																																																												
			本年累计			1	1	3	0	0	0	0																																																												

固定资产明细账

账号：___ 页次：___ 总页码：___

资产编号：___ 资产名称：办公大楼 资产类别：房屋
使用部门：行政部门 使用状况：在用 使用年限：40年
月折旧额：5 145.83 净残值率：___ 开始使用时间：2016年2月12日
折旧方法：直线法 数量：1 净残值：___

2021年		凭证号码		摘要	原值 借方	原值 贷方	原值 余额	累计折旧 借方	累计折旧 贷方	累计折旧 余额	净值
月	日										
1	1			期初余额			2 600 000.00			29 845.81	2 570 154.19 (?)
1	16	47		计提					5 145.83		
				本月合计					5 145.83	30 360.39.7(?)	2 569 639.603
				本年累计					5 145.83		

固定资产明细账

资产编号：
使用部门：生产车间
月折旧额：10 687.5
折旧方法：直线法

资产名称：厂房A
使用状况：在用
净残值率：
数　量：1

资产类别：房屋
使用年限：40 年
开始使用时间：2016 年 2 月 20 日
净残值：

账号：
页次：
总页码：

2021年		凭证号码	摘要	原值 借方	原值 贷方	原值 余额	累计折旧 借方	累计折旧 贷方	累计折旧 余额	净值
月	日			百十万千百十元角分	百十万千百十元角分	百十万千百十元角分	百十万千百十元角分	百十万千百十元角分	百十万千百十元角分	百十万千百十元角分
1	1		期初余额			5 4 0 0 0 0 0 0 0			6 1 9 8 7 5 0 0	4 7 8 0 1 2 5 0 0
1	16	47	计提					1 0 6 8 7 5 0		
			本月合计					1 0 6 8 7 5 0	6 3 0 5 6 2 5 0	4 7 6 9 4 3 7 5 0
			本年累计					1 0 6 8 7 5 0		

固定资产明细账

资产编号：
使用部门：生产车间
月折旧额：2 421.34
折旧方法：直线法

资产名称：厂房B
使用状况：在用
净残值率：
数量：1

资产类别：房屋
使用年限：40年
开始使用时间：2016年2月15日
净残值：

账号：
页次：
总页码：

2021年		凭证号码	摘要	原值 借方 百十万千百十元角分	原值 贷方 百十万千百十元角分	原值 余额 百十万千百十元角分	累计折旧 借方 百十万千百十元角分	累计折旧 贷方 百十万千百十元角分	累计折旧 余额 百十万千百十元角分	净值 百十万千百十元角分
月	日									
1	1		期初余额			1 1 0 6 9 0 0 0 0			1 4 0 4 3 7 7 2	9 6 6 4 6 2 2 8
1	16	47	计提					2 4 2 1 3 4		
			本月合计					2 4 2 1 3 4	1 4 2 8 5 9 0 6	9 6 4 0 4 0 9 4
			本年累计					2 4 2 1 3 4		

固定资产明细账

资产编号：　　　　　　　资产名称：厂房C　　　　　　资产类别：房屋　　　　　　账号：
使用部门：生产车间　　　使用状况：在用　　　　　　使用年限：20年　　　　　　总页码：
月折旧额：4 083.33　　　　净残值率：　　　　　　　　开始使用时间：2021年1月31日　　页次：
折旧方法：直线法　　　　　数　量：1　　　　　　　　净残值：

2021年		凭证号码	摘要	原值 借方	原值 贷方	原值 余额	累计折旧 借方	累计折旧 贷方	累计折旧 余额	净值
月	日			百十万千百十元角分	百十万千百十元角分	百十万千百十元角分	百十万千百十元角分	百十万千百十元角分	百十万千百十元角分	百十万千百十元角分
1	16	46	完工	1 0 3 0 0 0 0 0 0						1 0 3 0 0 0 0 0 0
			本月合计	1 0 3 0 0 0 0 0 0						
			本年累计	1 0 3 0 0 0 0 0 0						

固定资产明细账

账号	
页次	总页码

资产编号：　　　　　　　　　资产名称：打印机　　　　　　　资产类别：打印机A
使用部门：人力资源　　　　　使用状况：在用　　　　　　　　使用年限：5 年
月折旧额：190　　　　　　　净残值率：　　　　　　　　　　开始使用时间：2019 年 2 月 15 日
折旧方法：直线法　　　　　　数　量：1　　　　　　　　　　净残值：

2021年		凭证号码	摘要	原值 借方	原值 贷方	原值 余额	累计折旧 借方	累计折旧 贷方	累计折旧 余额	净值
月	日									
1	1		期初余额			1200000			190000	1010000
1	16	47	计提					19000	190000	
			本月合计			1200000		19000	209000	991000
			本年累计					19000		

99

固定资产明细账

资产编号：	资产名称：电脑A	资产类别：电脑	账号
使用部门：装配车间	使用状况：在用	使用年限：5年	页次
月折旧额：83.33	净残值率：	开始使用时间：2019年2月15日	
折旧方法：直线法	数量：1	净残值：	总页码

2021年		凭证号码	摘要	原值 借方	原值 贷方	原值 余额	累计折旧 借方	累计折旧 贷方	累计折旧 余额	净值
月	日									
1	1		期初余额			500000			183326	316674
1	15	40	出售		500000		191659	8333	0	0
1	16	47	计提					8333		
			本月合计		500000		191659	8333	0	0
			本年累计		500000		191659	8333		

固定资产明细账

账号	
总页码	
页次	

资产编号：　　　　　　资产名称：电脑B　　　　　　资产类别：电脑
使用部门：装配车间　　　使用状况：在用　　　　　　使用年限：5年
月折旧额：66.67　　　　净残值率：　　　　　　　　开始使用时间：2019年12月10日
折旧方法：直线法　　　　数　量：1　　　　　　　　净残值：

2021年		凭证号码		摘要	原值			累计折旧			净值
月	日				借方	贷方	余额	借方	贷方	余额	
1				期初余额			400000.00			80000.04	319999.96
1	16	47		计提					666.67		
				本月合计					666.67	86667.1	313332.9
				本年累计					666.67		

固定资产明细账

资产编号：　　　　　　资产名称：电脑C　　　　　　资产类别：电脑
使用部门：财务部　　　　使用状况：在用　　　　　　使用年限：5年
月折旧额：266.67　　　　净残值率：　　　　　　　　开始使用时间：2019年2月10日
折旧方法：直线法　　　　数　量：1　　　　　　　　净残值：

账号：　　　　总页码：
　　　　　　　页次：

2021年		凭证号码	摘要	原值			累计折旧			净值
月	日			借方	贷方	余额	借方	贷方	余额	
1	1		期初余额			15000.00				
1	16	47	计提					266.67	266.67	13333.30
			本月合计					266.67	293.337	
			本年累计					266.67		13067.03

固定资产明细账

账号：_____ 总页码：_____ 页次：_____

资产编号：_____ 资产名称：电脑D 资产类别：电脑
使用部门：销售部门 使用状况：在用 使用年限：5年
月折旧额：100 净残值率：_____ 开始使用时间：2019年2月18日
折旧方法：直线法 数量：1 净残值：_____

2021年		凭证号码	摘要	原值 借方	原值 贷方	原值 余额	累计折旧 借方	累计折旧 贷方	累计折旧 余额	净值
月	日									
1	1		期初余额			6000.00			1200.00	4800.00
1	16	47	计提					100.00		
			本月合计					100.00	1300.00	4700.00
			本年累计					100.00		

固定资产明细账

资产编号：　　　　　　　　　资产名称：电脑E　　　　　　　资产类别：电脑
使用部门：财务部　　　　　　使用状况：在用　　　　　　　　使用年限：5年
月折旧额：108.33　　　　　　净残值率：　　　　　　　　　　开始使用时间：2020年12月11日
折旧方法：直线法　　　　　　数　量：1　　　　　　　　　　净残值：

账号	
总页码	
页次	

2021年		凭证号码	摘要	原值 借方	原值 贷方	原值 余额	累计折旧 借方	累计折旧 贷方	累计折旧 余额	净值
月	日									
1	1		期初余额			650000			43332	606668
1	16	47	计提					10833		
			本月合计					10833	54165	595835
			本年累计					10833		

固定资产明细账

账号：　　页次：

资产编号：　　　　　　　　　资产名称：生产设备A　　　　　　资产类别：生产设备
使用部门：生产车间　　　　　使用状况：在用　　　　　　　　使用年限：10年
月折旧额：2 062.5　　　　　 净残值率：　　　　　　　　　　开始使用时间：2019年2月15日
折旧方法：直线法　　　　　　数　量：1　　　　　　　　　　净残值：

2021年		凭证号码	摘要	原值 借方	原值 贷方	原值 余额	累计折旧 借方	累计折旧 贷方	累计折旧 余额	净值
月	日									
1	1		期初余额			250 000 00			45 375 00	204 625 00
1	16	47	计提					2 062 50	47 437 50	202 562 50
			本月合计					2 062 50		
			本年累计					2 062 50		

固定资产明细账

账号	
总页码	
页次	

资产编号：　　　　　　　　资产名称：生产设备 D　　　　　资产类别：生产设备
使用部门：生产车间　　　　使用状况：在用　　　　　　　使用年限：5 年
月折旧额：13 333.33　　　　净残值率：　　　　　　　　　开始使用时间：2021 年 1 月 11 日
折旧方法：直线法　　　　　数　量：1　　　　　　　　　净残值：

2021 年		凭证号码	摘要	原 值																								累计折旧																											净 值										
月	日			借方											贷方											余额											借方											贷方											余额																				
				百	十	万	千	百	十	元	角	分	百	十	万	千	百	十	元	角	分	百	十	万	千	百	十	元	角	分	百	十	万	千	百	十	元	角	分	百	十	万	千	百	十	元	角	分	百	十	万	千	百	十	元	角	分	百	十	万	千	百	十	元	角	分
1	11	39	购买		8	0	0	0	0	0	0	0																																																8	0	0	0	0	0	0	0
			本月合计		8	0	0	0	0	0	0	0																																																							
			本年累计		8	0	0	0	0	0	0	0																																																							

固定资产明细账

账号	
页次	
总页码	

资产编号：　　　　　资产名称：小货车　　　　　资产类别：汽车
使用部门：生产车间　　使用状况：在用　　　　　使用年限：8年
月折旧额：124.69　　　净残值率：　　　　　　　开始使用时间：2019年2月10日
折旧方法：直线法　　　数　量：1　　　　　　　净残值：

2021年		凭证号码	摘要	原值 借方	原值 贷方	原值 余额	累计折旧 借方	累计折旧 贷方	累计折旧 余额	净值
月	日									
1			期初余额			126000.00			2743.18	98568.2
1	1	16 47	计提					124.69		
			本月合计					124.69	2867.87	97321.3
			本年累计					124.69		

固定资产明细账

账号	
页次	
总页码	

资产编号：　　　　　　　　　资产名称：小汽车　　　　　　　　资产类别：汽车
使用部门：工程开发部　　　　　使用状况：在用　　　　　　　　　使用年限：10 年
月折旧额：1 939.58　　　　　　净残值率：　　　　　　　　　　　开始使用时间：2019 年 12 月 16 日
折旧方法：直线法　　　　　　　数　　量：1　　　　　　　　　　净残值：

2021年		凭证号码	摘要	原值 借方	原值 贷方	原值 余额	累计折旧 借方	累计折旧 贷方	累计折旧 余额	净值
月	日			百十万千百十元角分	百十万千百十元角分	百十万千百十元角分	百十万千百十元角分	百十万千百十元角分	百十万千百十元角分	百十万千百十元角分
1	1		期初余额			2 4 5 0 0 0 0 0			1 9 3 9 5 8 0	2 2 5 6 0 4 2 0
1	16	47	计提					1 9 3 9 5 8		
			本月合计					1 9 3 9 5 8	2 1 3 3 5 3 8	2 2 3 6 6 4 6 2
			本年累计					1 9 3 9 5 8		

工程物资

最高存量：　　　　　　　　　　　　　　　　　　　　　　　　　　　账号：
最低存量：　　　　　　　　　　　　　　　　　　　　　　　　　　　页次：
明细科目：钢材　　　类别：　　　存放地点：　　　规格：　　　计量单位：　　　编号：

2021年		凭证号码	摘要	借方		贷方		借或贷	余额		
月	日			数量	单价	金额	数量	单价	金额		数量	单价	金额
1	1		期初余额							借	40	2 500.00	1 0 0 0 0 0 00
1	16	42	购买	100	4 200.00	4 2 0 0 0 0 00							
1	16	45	工程领用				100	4 200.00	4 2 0 0 0 0 00	借	40	2 500.00	1 0 0 0 0 0 00
			本月合计			4 2 0 0 0 0 00			4 2 0 0 0 0 00				
			本年累计			4 2 0 0 0 0 00			4 2 0 0 0 0 00				

工程物资

最高存量：　　　　　　　　　　　　　　　　账号：
最低存量：　　　　　　　　　　　　　　　　总页码：

明细科目：水泥

品名：_____　类别：_____　存放地点：_____　规格：_____　计量单位：_____　编号：_____

2021年		凭证号码	摘要	借方			借或贷	贷方			核对	余额		
月	日			数量	单价	金额 百十万千百十元角分	√	数量	单价	金额 百十万千百十元角分	√	数量	单价	金额 百十万千百十元角分
1	1		期初余额											2 0 0 0 0 0 0
1	16	43	购进	200	300.00	6 0 0 0 0 0 0	借	500	400.00					2 0 0 0 0 0 0
1	16	45	工程领用			6 0 0 0 0 0 0				6 0 0 0 0 0 0				
			本月合计			6 0 0 0 0 0 0		500	400.00	6 0 0 0 0 0 0				
			本年累计											

无形资产分类账

账户名称：

2021年		凭证号码	摘要	借方								√借或贷	贷方								余额								借或贷	核对
月	日			百	十	万	千	百	十	元	角	分		百	十	万	千	百	十	元	角	分		百	十	万	千	百	十	元	角	分		
1	1		期初余额																				借			6	0	0	0	0	0	0	

累计摊销分类账

账户名称：

2021年		凭证号码	摘要	借方								√	贷方									借或贷	余额									核对
月	日			百	十	万	千	百	十	元	角	分		百	十	万	千	百	十	元	角	分		百	十	万	千	百	十	元	角	分	
1	1		期初余额																				贷			1	2	0	0	0	0	0	
1	15	41	无形资产摊销															5	0	0	0	0											
			本月合计															5	0	0	0	0	贷			1	2	5	0	0	0	0	
			本年累计															5	0	0	0	0											

固定资产清理分类账

账户名称：固定资产清理

2021年		凭证号码	摘要	借方								√	贷方								借或贷	余额								核对
月	日			百	十	万	千	百	十	元	角	分		百	十	万	千	百	十	元	角	分		百	十	万	千	百	十	元	角	分	
1	15	40	出售电脑A			3	0	8		3	4	1						8	0	0	0	0											
1	15	40	出售电脑A													2	2	8	0	3	4	1											
1	15	40	结转损益			3	0	8		3	4	1				3	0	8		3	4	1											
			本月合计			3	0	8		3	4	1				3	0	8		3	4	1	平							0	0	
			本年累计			3	0	8		3	4	1				3	0	8		3	4	1											

生产成本（甲产品）多栏式明细账

2021年 月	日	凭证号码	摘要	1. 直接材料	2. 直接人工	3. 制造费用	4	5
1	12	32	生产领料	5400.00				
1	12	33	生产领料	1200.00				
1	31	54	计提工资		32485.42			
1	31	55	计提五险		6085.92			
1	30	59	分摊材料成本差异	6127.20		11821.43		
1	30	64	结转制造费用			3552.69		
1	30	65	结转制造费用			15374.06		
			本月合计	58127.20	39334.46	132534.79		
1	30	66	完工结转	55510.60	33909.02	13253.47		
			期末余额	3021.20	5425.44	21205.57		

6	7	8	9	10	11	12

生产成本（乙产品）多栏式明细账

2021年		凭证号码	摘要	1. 直接材料 百十万千百十元角分	2. 直接人工 百十万千百十元角分	3. 制造费用 百十万千百十元角分	4 百十万千百十元角分	5 百十万千百十元角分
月	日							
1	12	32	生产领料	4 5 0 0 0 0 0 0				
1	12	33	生产领料	8 0 0 0 0 0				
1	31	54	计提工资		2 2 1 6 5 7 0			
1	31	55	计提五险		4 0 5 7 2 8			
1	30	60	分摊材料成本差异	5 0 8 3 8 0				
1	30	64	结转制造费用			7 8 8 0 8 9 6		
1	30	65	结转制造费用		2 6 2 2 2 9 8	2 3 6 8 4 6 2		
			本月合计	4 6 3 0 8 3 8 0	2 6 2 2 2 9 8	1 0 2 4 9 3 5 8		
1	30	67	完工结转	4 6 3 0 8 3 8 0	2 6 2 2 2 9 8	1 0 2 4 9 3 5 8		

6	7	8	9	10	11	12
百十万千百十元角分	百十万千百十元角分	百十万千百十元角分	百十万千百十元角分	百十万千百十元角分	百十万千百十元角分	百十万千百十元角分

制造费用（生产车间）多栏式明细账

2021年

月	日	凭证号码	摘要	1. 办公费	2. 电话费	3. 加油费	4. 餐费	5. 保险费
1	4	5	购买办公用品	4 2 0 0				
1	5	8	付电话费		2 2 9 0 0			
1	7	10	付加油费			2 0 0 0 0		
1	7	13	付餐费				8 0 0 0 0	
1	7	14	付保险费					2 3 6 8 0 4
1	13	27	付电费					
1	13	28	付房租					
1	13	30	付加油费			8 0 4 0 0		
1	14	31	购买办公用品	1 3 5 6 0				
1	15	34	耗用材料					
1	15	37	购买办公用品	1 0 1 7 0 0				
1	15	41	无形资产摊销					
1	16	47	计提折旧					
1	31	54	计提工资					
1	31	55	计提五险					
1	30	56	发放福利					
1	30	61	分摊材料成本差异					
1			本月合计	1 5 7 2 6 0	2 2 9 0 0	1 0 0 4 0 0	8 0 0 0 0	2 3 6 8 0 4
1	30	64	本月结转	1 5 7 2 6 0	2 2 9 0 0	1 0 0 4 0 0	8 0 0 0 0	2 3 6 8 0 4

续上表

项目	百	十	万	千	百	十	元	角	分
6. 电费				8	1	9	0	0	0
				8	1	9	0	0	0
合计				8	1	9	0	0	0
7. 房租				4	6	0	0	0	0
				4	6	0	0	0	0
合计				4	6	0	0	0	0
8. 材料费用				2	0	0	0	0	0
				2	0	2	2	0	0
合计				2	0	2	2	0	0
9. 其他					5	0	0	0	0
					5	0	0	0	0
合计					5	0	0	0	0
10. 折旧			1	5	2	9	6	0	3
			1	5	2	9	0	3	
合计			1	5	2	9	0	3	
11. 工资			1	4	2	7	8	0	0
				3	6	3	1	9	2
			1	7	9	0	9	9	2
合计			1	7	9	0	9	9	2
12. 福利				9	2	2	0	8	0
				9	2	2	0	8	0
合计				9	2	2	0	8	0

制造费用（装配车间）多栏式明细账

2021年		凭证号码	摘要	1.办公费	2.电话费	3.电费	4.房租	5.材料费用
月	日							
1	4	5	购买办公用品	420.00				
1	5	8	付电话费		216.00			
1	13	27	付电费			700.00		
1	13	28	付房租				24610.00	
1	14	31	购买办公用品	90.40				
1	15	35	车间用料					12000.00
1	15	37	购买办公用品	678.00				
1	16	47	计提折旧					
1	31	54	计提工资					
1	31	55	计提五险					
1	30	56	发放福利					
1	30	57	报销药费					
1	30	62	分摊材料成本差异					133.20
			本月合计	1188.40	216.00	700.00	24610.00	12133.20
			本月结转	1188.40	216.00	700.00	24610.00	12133.20

	6. 折旧											7. 工资										8. 福利										9											10											11											12									
百	十	万	千	百	十	元	角	分	百	十	万	千	百	十	元	角	分	百	十	万	千	百	十	元	角	分	百	十	万	千	百	十	元	角	分	百	十	万	千	百	十	元	角	分	百	十	万	千	百	十	元	角	分	百	十	万	千	百	十	元	角	分
				1	5	0	0	0				9	5	1	8	6	7					7	6	8	4	0	0																																					
												2	4	2	1	2	8						5	9	0	0	0																																					
				1	5	0	0	0			1	1	9	3	9	9	5					8	2	7	4	0	0																																					
				1	5	0	0	0			1	1	9	3	9	9	5					8	2	7	4	0	0																																					

在建工程分类账

账户名称：厂房

2021年		凭证号码	摘要	借方								贷方								√借或贷	余额								核对
月	日			百	十	万	千	百	十	元	角	分	百	十	万	千	百	十	元	角	分		百	十	万	千	百	十	元	角	分	
1	1		期初余额																			借			3	5	0	0	0	0	0	
1	16	44	支付工程款			2	0	0	0	0	0	0																			
1	16	45	领用工程物资			4	8	0	0	0	0	0																			
1	31	46	工程完工											1	0	3	0	0	0	0	0											
			本月合计			6	8	0	0	0	0	0		1	0	3	0	0	0	0	0	平					0	0	0	0	0	
			本年累计			6	8	0	0	0	0	0		1	0	3	0	0	0	0	0											

短期借款分类账

账户名称：工行

2021年		凭证号码	摘要	借方								贷方								√借或贷	余额								核对
月	日			百	十	万	千	百	十	元	角	分	百	十	万	千	百	十	元	角	分		百	十	万	千	百	十	元	角	分	
1	1		期初余额																			贷	2	5	4	0	0	0	0	0	0	

应付账款分类账

账户名称：广东金迪

2021年		凭证号码	摘要	借方								∨	贷方								借或贷	余额								核对
月	日			百	十	万	千	百	十	元	角	分		百	十	万	千	百	十	元	角	分		百	十	万	千	百	十	元	角	分	
1	11	39	购设备款					9	0	4	0	0											贷					9	0	4	0	0	
			本月合计					9	0	4	0	0																					
			本年累计					9	0	4	0	0																					

应付账款分类账

账户名称：广州环球

2021年		凭证号码	摘要	借方								∨	贷方								借或贷	余额								核对
月	日			百	十	万	千	百	十	元	角	分		百	十	万	千	百	十	元	角	分		百	十	万	千	百	十	元	角	分	
1	1		期初余额																				贷		2	3	4	0	0	0	0	0	
1	12	23	付欠款		2	3	4	0	0	0	0	0											平						0	0	0	0	
			本月合计		2	3	4	0	0	0	0	0																					
			本年累计		2	3	4	0	0	0	0	0																					

应付账款分类账

账户名称：华联超市

2021年		凭证号码	摘要	借方								贷方								借或贷	余额								核对
月	日			百	十	万	千	百	十	元	角	分	百	十	万	千	百	十	元	角	分		百	十	万	千	百	十	元	角	分	
1	15	37	购买办公用品													6	7	8	0	0	0	贷			6	7	8	0	0	0	
			本月合计													6	7	8	0	0	0										
			本年累计													6	7	8	0	0	0										

应付账款分类账

账户名称：惠州东华

2021年		凭证号码	摘要	借方								贷方								借或贷	余额								核对
月	日			百	十	万	千	百	十	元	角	分	百	十	万	千	百	十	元	角	分		百	十	万	千	百	十	元	角	分	
1	8	18	采购材料											1	3	8	9	9	0	0	0	贷		1	3	8	9	0	0	0	
			本月合计											1	3	8	9	9	0	0	0										
			本年累计											1	3	8	9	9	0	0	0										

应付账款分类账

账户名称：深圳永泰

2021年		凭证号码	摘要	借方									贷方									借或贷	余额									核对
月	日			百	十	万	千	百	十	元	角	分	百	十	万	千	百	十	元	角	分	√	百	十	万	千	百	十	元	角	分	
1	1		期初余额																			贷			4	6	8	0	0	0	0	

应付账款分类账

账户名称：中达公司

2021年		凭证号码	摘要	借方									贷方									借或贷	余额									核对
月	日			百	十	万	千	百	十	元	角	分	百	十	万	千	百	十	元	角	分	√	百	十	万	千	百	十	元	角	分	
1	7	17	采购材料款												4	6	3	3	0	0	0		贷			4	6	3	3	0	0	0	
			本月合计												4	6	3	3	0	0	0												
			本年累计												4	6	3	3	0	0	0												

应付账款分类账

账户名称：中人公司

2021年		凭证号码	摘要	借方 百 十 万 千 百 十 元 角 分	贷方 百 十 万 千 百 十 元 角 分	√	借或贷	余额 百 十 万 千 百 十 元 角 分	核对
月	日								
1	16	42	购进货物		4 7 4 6 0 0		贷	4 7 4 6 0 0	
			本月合计		4 7 4 6 0 0				
			本年累计		4 7 4 6 0 0				

应付票据分类账

账户名称：广州环球

2021年		凭证号码	摘要	借方 百 十 万 千 百 十 元 角 分	贷方 百 十 万 千 百 十 元 角 分	√	借或贷	余额 百 十 万 千 百 十 元 角 分	核对
月	日								
1	1		期初余额				贷	5 8 5 0 0 0	
1	5	7	付商业票据款	5 8 5 0 0 0			平	0 0 0	
			本月合计	5 8 5 0 0 0					
			本年累计	5 8 5 0 0 0					

应付票据分类账

账户名称：惠州东华

2021年		凭证号码	摘要	借方 百 十 万 千 百 十 元 角 分	√ 借或贷	贷方 百 十 万 千 百 十 元 角 分	余额 百 十 万 千 百 十 元 角 分	核对
月	日							
1	7	17	采购材料款			8 8 1 4 0 0		
1	9	19	采购材料款			2 5 1 9 0 0		
1	31		本月合计		贷	3 4 0 1 3 0 0	3 4 0 1 3 0 0	
1	31		本年累计			3 4 0 1 3 0 0		

应付职工薪酬——工资分类账

2021年		凭证号码	摘要	借方 百 十 万 千 百 十 元 角 分	√ 借或贷	贷方 百 十 万 千 百 十 元 角 分	余额 百 十 万 千 百 十 元 角 分	核对
月	日							
1	1		期初余额				8 6 9 0 1 2 4	
1	13	29	发放工资	8 6 9 0 1 2 4				
1	31	52	代扣水电费	1 0 6 3 5 0				
1	31	53	代提工资	1 9 0 6 8 8 0				
1	31	54	计提工资			1 8 3 8 9 0 7 9		
1	31	54	代扣个税	3 0 4 7 1				
1	31		本月合计	8 8 9 4 9 4 5	贷	1 8 3 8 9 0 7 9	1 6 3 4 5 3 7 8	
1	31		本年累计	8 8 9 4 9 4 5		1 8 3 8 9 0 7 9		

应交税费——城市维护建设税明细账

2021年		凭证号码	摘要	借方								贷方								借或贷	余额								核对
月	日			百	十	万	千	百	十	元	角	分	百	十	万	千	百	十	元	角	分		百	十	万	千	百	十	元	角	分	
1	1		期初余额																			贷					5	0	0	0	0	
1	9	20	缴纳上月税款					5	0	0	0	0																				
1	31	74	计提城建税												1	1	3	6	7	3	0											
			本月合计					5	0	0	0	0				1	1	3	6	7	3	0	贷			1	1	3	6	7	3	0	
			本年累计					5	0	0	0	0				1	1	3	6	7	3	0											

应交税费——个人所得税明细账

2021年		凭证号码	摘要	借方								贷方								借或贷	余额								核对
月	日			百	十	万	千	百	十	元	角	分	百	十	万	千	百	十	元	角	分		百	十	万	千	百	十	元	角	分	
1	31	54	代扣个税													3	0	4	7	1											
			本月合计													3	0	4	7	1	贷				3	0	4	7	1	
			本月累计													3	0	4	7	1											

应交税费——教育费附加 分类账

2021年		凭证号码	摘要	借方 百十万千百十元角分	贷方 百十万千百十元角分	借或贷	余额 百十万千百十元角分	核对
月	日					√		
1	1		期初余额			贷	2 1 4 2 8 5	
1	9	20	缴纳上月税款	2 1 4 2 8 5				
1	31	74	计提教育费附加		4 8 7 1 7 0	贷	4 8 7 1 7 0	
			本月合计	2 1 4 2 8 5	4 8 7 1 7 0			
			本月计提	2 1 4 2 8 5	4 8 7 1 7 0			

应交税费——应交增值税 分类账

2021年		凭证号码	摘要	借方 百十万千百十元角分	贷方 百十万千百十元角分	借或贷	余额 百十万千百十元角分	核对
月	日					√		
1	1		期初余额			贷	1 2 5 0 8 9 0 0	
1	9	20	缴纳上月税款	1 2 5 0 8 9 0 0				
1	31	77	转出多交增值税	5 9 9 7 1 0 0		借	5 9 9 7 1 0 0	
			本月合计	1 8 5 0 6 0 0 0				
			本年累计	1 8 5 0 6 0 0 0				

应交税费——五险分类账

2021年 月	日	凭证号码	摘要	借方	借或贷	贷方	余额	核对
1	31	53	代扣保险费			19068.80		
1	31	55	计提五险			38609.60	57678.40	
			本月合计		贷	57678.40		
			本月累计				0	

应交税费——消费税分类账

2021年 月	日	凭证号码	摘要	借方	借或贷	贷方	余额	核对
1	1	1	计提消费税			55000.00		
1	2	2	计提消费税			56000.00		
1	3	3	计提消费税			9000.00		
1	13	24	计提消费税			56000.00		
1	13	25	计提消费税			12000.00		
1	13	26	计提消费税			24000.00		
1	25	68	销售退货	11000.00				
			本月合计	11000.00	贷	162500.00	162390.00	
			本年累计	11000.00		162500.00		

应交增值税明细账

账号：_____
页次：_____

2021年		凭证号码	摘要	总页码	借方 合计	进项税额	已交税金	出口抵减内销产品应纳税额	转出未交增值金
月	日				百十万千百十元角分	百十万千百十元角分	百十万千百十元角分	百十万千百十元角分	百十万千百十元角分
1	1	1	销售货物		3640.00	3640.00			
1	2	2	销售货物		4720.00	1080.00			
1	3	3	销售货物		5200.00	480.00			
1	4	5	购买办公用品		58500.00	5340.00			
1	5	8	付电话费		13390.00	7540.00			
1	7	13	付餐费		2350.00	1040.00			
1	7	15	采购材料		23900.00	15990.00			
1	7	16	采购材料		39520.00	2980.00			
1	7	17	采购材料			3000.00			
1	8	18	采购材料		6930.00				
1	9	19	采购材料		69710.00				
1	11	21	付展览费		80630.00	10920.00			
1	13	24	销售货物		88820.00	7450.00			
1	13	25	销售货物						
1	13	26	销售货物		192080.00	104000.00			
1	13	27	付电费						
1	14	28	付房租		24680.00	54600.00			
1	11	36	采购材料		25480.00				
1	15	39	购设备			78000.00			
1	16	40	出售电脑A		274820.00	180000.00			
1	16	42	购进货物						
1	16	43	购进货物						
1	16	44	支付工程款						
1	25	68	销售退货						
1	30	77	转出多交增值税						

续上表

	贷　方				借或贷	余　额	账号
合　计	销项税额	进项税额转出	出口退税	转出多交增值税			页次 总页码
791285.00	71285.00						
795000.00	728700.00						
916500.00	817000.00						
128500.00	3120.00						
1956500.00	728500.00						
215500.00	615000.00						
2125400.00	135000.00						
2126500.00	104000.00						
215100.00	14300.00				59971.00		
27248200.00							

预收账款分类账

账户名称：广州国美

2021年		凭证号码	摘要	借方								贷方								借或贷	余额								核对
月	日			百	十	万	千	百	十	元	角	分	百	十	万	千	百	十	元	角	分		百	十	万	千	百	十	元	角	分	
1	1		期初余额																			借			1	0	0	0	0	0	0	

预收账款分类账

账户名称：广州环球

2021年		凭证号码	摘要	借方								贷方								借或贷	余额								核对
月	日			百	十	万	千	百	十	元	角	分	百	十	万	千	百	十	元	角	分		百	十	万	千	百	十	元	角	分	
1	1		期初余额																			贷			5	5	0	0	0	0	0	
1	2	1	销售出货冲预收款		5	5	0	0	0	0	0											平					0	0	0	0	0	
			本月合计		5	5	0	0	0	0	0																					
			本年累计		5	5	0	0	0	0	0																					

预收账款分类账

账户名称：广州威盛

2021年		凭证号码	摘要	借方									贷方									借或贷	余额									核对
月	日			百	十	万	千	百	十	元	角	分	百	十	万	千	百	十	元	角	分	∨	百	十	万	千	百	十	元	角	分	
1	1		期初余额																			贷				5	0	0	0	0	0	

其他应付款分类账

账户名称：陈二

2021年		凭证号码	摘要	借方									贷方									借或贷	余额									核对
月	日			百	十	万	千	百	十	元	角	分	百	十	万	千	百	十	元	角	分	∨	百	十	万	千	百	十	元	角	分	
1	1		期初余额																			贷			8	9	4	0	0	0	0	

其他应付款分类账

账户名称：电力公司

2021年		凭证号码	摘要	借方									√ 借或贷	贷方									√ 借或贷	余额									核对
月	日			百	十	万	千	百	十	元	角	分		百	十	万	千	百	十	元	角	分		百	十	万	千	百	十	元	角	分	
1	31	52	代扣水电费															7	5	8	5	5											
			本月合计															7	5	8	5	5	贷					7	5	8	5	5	
			本年累计															7	5	8	5	5											

其他应付款分类账

账户名称：自来水公司

2021年		凭证号码	摘要	借方									√ 借或贷	贷方									√ 借或贷	余额									核对
月	日			百	十	万	千	百	十	元	角	分		百	十	万	千	百	十	元	角	分		百	十	万	千	百	十	元	角	分	
1	31	52	代扣水电费														3	0	4	9	5												
			本月合计														3	0	4	9	5	贷					3	0	4	9	5		
			本年累计														3	4	9	9	5												

长期借款分类账

账户名称：农行

2021年 月	日	凭证号码	摘要	借方	贷方	借或贷	余额	核对
1	1	1	期初余额			贷	1,650,000.00	

主营业务收入分类账

2021年 月	日	凭证号码	摘要	借方	贷方	借或贷	余额	核对
1	1	1	销售甲产品收入		550,000.00			
1	2	2	销售甲产品收入		560,000.00			
1	3	3	销售乙产品收入		90,000.00			
1	13	24	销售乙产品收入		560,000.00			
1	13	25	销售甲产品收入		120,000.00			
1	13	26	销售乙产品收入		240,000.00			
1	25	68	销售退货	16,250.00				
1	31	75	本月结转	1,625,000.00		平	0.00	
			本月合计	1,625,000.00	1,625,000.00			
			本年累计	1,625,000.00	1,625,000.00			

其他业务收入明细账

2021年		凭证号码	摘要	借方									贷方									借或贷	余额									核对
月	日			百	十	万	千	百	十	元	角	分	百	十	万	千	百	十	元	角	分		百	十	万	千	百	十	元	角	分	
1	14	36	销售材料收入				1	0	0	0	0	0				1	0	0	0	0	0											
1	31	75	结转本月收入				1	0	0	0	0	0				1	0	0	0	0	0	平								0	0	
			本月合计				1	0	0	0	0	0				1	0	0	0	0	0											
			本年累计				1	0	0	0	0	0				1	0	0	0	0	0											

资产处置损益明细账

2021年		凭证号码	摘要	借方									贷方									借或贷	余额									核对
月	日			百	十	万	千	百	十	元	角	分	百	十	万	千	百	十	元	角	分		百	十	万	千	百	十	元	角	分	
1	15	40	出售电脑A				2	2	8	3	4	1																					
1	31	75	结转本月收入				2	2	8	3	4	1										平									0	0	
			本月合计				2	2	8	3	4	1																					
			本年累计				2	2	8	3	4	1																					

主营业务成本分类账

2021年		凭证号码	摘要	借方 百十万千百十元角分	√	贷方 百十万千百十元角分	借或贷	余额 百十万千百十元角分	核对
月	日								
1	30	70	销售甲产品成本	5 4 5 0 5 7 0					
1	30	70	销售乙产品成本	5 4 7 4 3 0 0					
1	31	75	本月结转			1 0 9 2 4 8 7 0			
			本月合计	1 0 9 2 4 8 7 0		1 0 9 2 4 8 7 0	平	0 0	
			本年累计	1 0 9 2 4 8 7 0		1 0 9 2 4 8 7 0			

其他业务成本分类账

2021年		凭证号码	摘要	借方 百十万千百十元角分	√	贷方 百十万千百十元角分	借或贷	余额 百十万千百十元角分	核对
月	日								
1	14	36	销售材料	2 0 0 0 0 0 0					
1	30	63	分摊材料成本差异	2 2 2 0 0					
1	31	75	本月结转			2 0 2 2 2 2 0 0			
			本月合计	2 0 2 2 2 2 0 0		2 0 2 2 2 2 0 0	平	0 0	
			本年累计	2 0 2 2 2 2 0 0		2 0 2 2 2 2 0 0			

财务费用多栏式明细账

2021年		凭证号码	摘要	1. 手续费 百十万千百十元角分	2. 账户费 百十万千百十元角分	3. 百十万千百十元角分	4. 百十万千百十元角分	5. 百十万千百十元角分
月	日							
1	5	7	付款手续费	1 0 0 0				
1	11	22	付账户费		2 5 6 0 0			
1	14	38	付款手续费	1 0 0 0				
1	16	44	付款手续费	1 0 0 0				
1	30	56	付款手续费	1 0 0 0				
			本月合计	4 0 0 0	2 5 6 0 0			
1	31	75	本月结转	4 0 0 0	2 5 6 0 0			

6 百十万千百十元角分	7 百十万千百十元角分	8 百十万千百十元角分	9 百十万千百十元角分	10 百十万千百十元角分	11 百十万千百十元角分	12 百十万千百十元角分

管理费用多栏式明细账

2021年

月	日	凭证号码	摘要	1. 办公费	2. 电话费	3. 加油费	4. 餐费	5. 电费
1	4	5	购买办公用品	840.00				
1	5	8	付电话费		245.00			
1	8	11	付加油费			200.00		
1	8	12	付餐费				515.00	
1	13	27	付电费					1190.00
1	13	28	付房租					
1	14	31	购买办公用品	587.60				
1	15	37	购买办公用品	237.30				
1	16	47	计提折旧					
1	31	54	计提工资					
1	31	55	计提五险					
1	31	56	发放福利					
			本月合计	3800.60	245.00	200.00	515.00	1190.00
1	31	72	本月结转	3800.60	245.00	200.00	515.00	1190.00

续上表

	6. 房租									7. 折旧									8. 工资									9. 福利费									10									11									12								
百	十	万	千	百	十	元	角	分	百	十	万	千	百	十	元	角	分	百	十	万	千	百	十	元	角	分	百	十	万	千	百	十	元	角	分	百	十	万	千	百	十	元	角	分	百	十	万	千	百	十	元	角	分	百	十	万	千	百	十	元	角	分
			6	6	7	0	0	0				7	6	5	0	4	1			9	0	8	9	0	2	2																																			
																					1	9	2	4	3	4	5				4	3	0	3	0	4																							
			6	6	7	0	0	0				7	6	5	0	4	1			1	1	0	1	3	3	6	7				4	3	0	3	0	4																							
			6	6	7	0	0	0				7	6	5	0	4	1			1	1	0	1	3	3	6	7				4	3	0	3	0	4																							

销售费用多栏式明细账

2021年		凭证号码	摘要	1. 办公费	2. 电话费	3. 差旅费	4. 展览费	5. 电费
月	日							
1	4	5	购买办公用品	112.00				
1	5	8	付电话费		510.00			
1	6	9	报销差旅费			3006.20		
1	11	21	付展览费				5000.00	
1	13	27	付电费					210.00
1	13	28	付房租					
1	14	31	购买办公用品	90.40				
1	15	37	购买办公用品	271.20				
1	16	47	计提折旧					
1	31	54	计提工资					
1	31	55	计提五险					
1	30	56	发放福利					
			本月合计	392.40	510.00	3006.20	5000.00	210.00
1	31	73	本月结转	392.40	510.00	3006.20	5000.00	210.00

6. 房租										7. 折旧										8. 工资										9. 福利										10										11										12									
百	十	万	千	百	十	元	角	分		百	十	万	千	百	十	元	角	分		百	十	万	千	百	十	元	角	分		百	十	万	千	百	十	元	角	分		百	十	万	千	百	十	元	角	分		百	十	万	千	百	十	元	角	分		百	十	万	千	百	十	元	角	分	
			5	5	2	0	0	0					1	0	0	0	0	0				1	3	7	8	9	6	6					1	8	4	4	1	6																													
																								3	1	6	9	7	5				1	8	4	4	1	6																													
			5	5	2	0	0	0					1	0	0	0	0	0				1	6	9	5	9	4	1					1	8	4	4	1	6																													
			5	5	2	0	0	0					1	0	0	0	0	0				1	6	9	5	9	4	1					1	8	4	4	1	6																													

税金及附加明细账

2021年		凭证号码	摘要	借方 百十万千百十元角分	√借或贷	贷方 百十万千百十元角分	√借或贷	余额 百十万千百十元角分	核对
月	日								
1	1	1	销售甲产品计提税款	5 5 0 0 0					
1	2	2	销售甲产品计提税款	5 6 0 0 0					
1	3	3	销售乙产品计提税款	9 0 0 0					
1	13	24	销售乙产品计提税款	5 6 0 0 0					
1	13	25	销售甲产品计提税款	1 2 0 0 0					
1	13	26	销售乙产品计提税款	2 4 0 0 0					
1	25	68	销售退货			1 1 0 0 0			
1	31	74	计提城建税和教育费附加	1 6 2 3 9 0					
1	31	75	本月结转			1 7 8 6 2 9 0	平	0 0	
			本月合计	1 7 8 7 3 9 0		1 7 8 7 3 9 0			
			本年累计	1 7 8 7 3 9 0		1 7 8 7 3 9 0			

股本明细账

2021年		凭证号码	摘要	借方 百十万千百十元角分	√借或贷	贷方 百十万千百十元角分	√借或贷	余额 百十万千百十元角分	核对
月	日								
1	1		期初余额				贷	7 5 5 8 1 6 7 0 0	

资本公积分类账

2021年		凭证号码	摘要	借方									√	贷方									借或贷	余额									核对
月	日			百	十	万	千	百	十	元	角	分		百	十	万	千	百	十	元	角	分		百	十	万	千	百	十	元	角	分	
1	1		期初余额										√										贷			3	5	8	2	0	0	

盈余公积分类账

2021年		凭证号码	摘要	借方									√	贷方									借或贷	余额									核对
月	日			百	十	万	千	百	十	元	角	分		百	十	万	千	百	十	元	角	分		百	十	万	千	百	十	元	角	分	
1	1		期初余额										√										贷		4	1	6	2	6	0	0	

本年利润分类账

2021年		凭证号码	摘要	借方	借或贷(√)	贷方	借或贷(√)	余额	核对
月	日								
1	31	72	结转管理费用	134707.72					
1	31	73	结转销售费用	3702.17					
1	31	75	结转其他业务成本	2022.00					
1	31	75	结转主营业务成本	109248.70					
1	31	75	结转税金及附加	17862.00					
1	31	75	结转财务费用	296.00					
1	31	75	结转主营业务收入			162390.00			
1	31	75	结转其他业务收入			100.00			
1	31	75	结转资产处置损益	22834.10					
1	31	76	结转本期利润			20200.00			
			本月合计	163390.00		163390.00	平	0.00	
			本年累计	163390.00		163390.00			

利润分配分类账

2021年		凭证号码	摘要	借方	借或贷(√)	贷方	借或贷(√)	余额	核对
月	日								
1			期初余额				贷	259618.23	
1	31	76	结转本月利润			168200.00			
			本月合计			168200.00	贷	427818.23	
			本年累计			168200.00	贷	427818.23	

（二）公司各会计科目总分类账

库存现金总账

2021年 月	日	摘要	借方	贷方	√借或贷	余额	核对
1	1	期初余额			借	25000.00	
1	31	本月发生额	9040.00	7067.20			
		本月合计	9040.00	7067.20	借	18368.00	
		本年累计	9040.00	7067.20			

银行存款总账

2021年 月	日	摘要	借方	贷方	√借或贷	余额	核对
1	1	期初余额			借	1341055.58	
1	31	本月发生额	807250.00	918873.30			
		本月合计	807250.00	918873.30	借	1168282.25	
		本年累计	807250.00	918873.30			

交易性金融资产总账

2021年		摘要	借方									贷方									√借或贷	余额									核对
月	日		百	十	万	千	百	十	元	角	分	百	十	万	千	百	十	元	角	分		百	十	万	千	百	十	元	角	分	
1	1	期初余额																			借				6	0	0	0	0	0	

应收账款总账

2021年		摘要	借方									贷方									√借或贷	余额									核对
月	日		百	十	万	千	百	十	元	角	分	百	十	万	千	百	十	元	角	分		百	十	万	千	百	十	元	角	分	
1	1	期初余额																			借			8	2	0	0	0	0	0	
1	31	本月发生额	1	1	4	1	3	0	0	0	0																				
		本月合计	1	1	4	1	3	0	0	0	0										借	1	2	2	2	3	0	0	0	0	
		本年累计	1	1	4	1	3	0	0	0	0															3	3	0	0	0	0	

坏账准备总账

2021年		摘要	借方								√	贷方								√	借或贷	余额							核对
月	日		百	十	万	千	百	十	元	角	分		百	十	万	千	百	十	元	角	分			百	十	万	千	百	十	元	角	分	
1	1	期初余额																					贷					6	0	0	0	0	

应收票据总账

2021年		摘要	借方								√	贷方								√	借或贷	余额							核对
月	日		百	十	万	千	百	十	元	角	分		百	十	万	千	百	十	元	角	分			百	十	万	千	百	十	元	角	分	
1	1	期初余额													1	5	6	0	0	0	0		借			1	5	6	0	0	0	0	
1	31	本月发生额													1	5	6	0	0	0	0												
		本月合计													1	5	6	0	0	0	0		平							0	0	0	
		本年累计																															

预付账款总账

2021年		摘要	借方								贷方								借或贷	余额								核对
月	日		百	十	万	千	百	十	元	角	分	百	十	万	千	百	十	元	角	分	√	百	十	万	千	百	十	元	角	分	
1	1	期初余额																			借			2	5	0	0	0	0	0	

其他应收款总账

2021年		摘要	借方									贷方									借或贷	余额									核对
月	日		百	十	万	千	百	十	元	角	分	百	十	万	千	百	十	元	角	分	√	百	十	万	千	百	十	元	角	分	
1	1	期初余额																			借			6	1	5	0	0	0	0	
1	31	本月发生额				3	0	0	0	0	0				3	0	0	0	0	0											
		本月合计				3	0	0	0	0	0				3	0	0	0	0	0	借			6	1	5	0	0	0	0	
		本年累计				3	0	0	0	0	0				3	0	0	0	0	0											

材料采购总账

2021年		摘要	借方									∨	贷方									借或贷	余额									核对
月	日		百	十	万	千	百	十	元	角	分		百	十	万	千	百	十	元	角	分		百	十	万	千	百	十	元	角	分	
1	31	本月发生额			3	5	3	0	0	0	0				3	5	3	0	0	0	0											
		本月合计			3	5	3	0	0	0	0				3	5	3	0	0	0	0	平							0	0	
		本年累计			3	5	3	0	0	0	0				3	5	3	0	0	0	0											

材料成本差异总账

2021年		摘要	借方									∨	贷方									借或贷	余额									核对
月	日		百	十	万	千	百	十	元	角	分		百	十	万	千	百	十	元	角	分		百	十	万	千	百	十	元	角	分	
1	1	期初余额																				借				3	6	0	0	0	0	
1	31	本月发生额			1	7	0	0	0	0	0			1	5	7	8	8	2	0		借			4	8	1	1	8	0	
		本年累计			1	7	0	0	0	0	0			1	5	7	8	8	2	0											

库存商品总账

2021年		摘要	借方									√	贷方									借或贷	余额									核对
月	日		百	十	万	千	百	十	元	角	分		百	十	万	千	百	十	元	角	分		百	十	万	千	百	十	元	角	分	
1	1	期初余额																				借		1	3	2	0	0	0	0	0	0	
1	31	本月发生额		1	3	3	5	0		1	7			1	0	9	2	4	8		7	0											
		本月合计		1	3	3	5	0		1	7			1	0	9	2	4	8		7	0	借	1	5	4	0	8	6	2	4	7	
		本年累计		1	3	3	5	0		1	7			1	0	9	2	4	8		7	0											

原材料总账

2021年		摘要	借方									√	贷方									借或贷	余额									核对
月	日		百	十	万	千	百	十	元	角	分		百	十	万	千	百	十	元	角	分		百	十	万	千	百	十	元	角	分	
1	1	期初余额																				借			9	7	0	0	0	0	0	0	
1	31	本月发生额		5	2	0	0	0	0	0	0			1	0	6	2	0	0	0	0											
		本月合计		5	2	0	0	0	0	0	0			1	0	6	2	0	0	0	0	借			4	2	8	0	0	0	0	0	
		本年累计		5	2	0	0	0	0	0	0			1	0	6	2	0	0	0	0											

生产成本总账

2021年		摘要	√	借方								贷方								借或贷	余额								核对
月	日			百	十	万	千	百	十	元	角	分	百	十	万	千	百	十	元	角	分		百	十	万	千	百	十	元	角	分	
1	31	本月发生额			1	3	4	3	0	0	2	3	8				1	3	1	3	3	5	0	1	7								
		本月合计			1	3	4	3	0	0	2	3	8				1	3	1	3	3	5	0	1	7	借		2	9	6	5	2	2	1
		本年累计			1	3	4	3	0	0	2	3	8					3	1	3	3	5	0	1	7									

债权投资总账

2021年		摘要	√	借方									贷方									借或贷	余额									核对
月	日			百	十	万	千	百	十	元	角	分	百	十	万	千	百	十	元	角	分		百	十	万	千	百	十	元	角	分	
1	1	期初余额																					借			3	6	0	0	0	0	0	

长期股权投资总账

2021年 月	日	摘要	借方 百十万千百十元角分	贷方 百十万千百十元角分	借或贷	余额 百十万千百十元角分	核对
1	1	期初余额			借	2 4 5 0 0 0 0 0	

固定资产总账

2021年 月	日	摘要	借方 百十万千百十元角分	贷方 千百十万千百十元角分	借或贷	余额 千百十万千百十元角分	核对
1	1	期初余额	1 8 4 1 3 0 0 0 0		借	1 9 6 4 0 0 0 0 0	
1	31	本月发生额	1 8 4 1 3 0 0 0 0	5 0 0 0 0 0 0		1 1 5 0 3 0 0 0 0	
		本月合计	1 8 4 1 3 0 0 0 0	5 0 0 0 0 0 0			
		本年累计		5 0 0 0 0 0 0			

累计折旧总账

2021年		摘要	借方								贷方								√ 借或贷	余额								核对
月	日		百	十万	万	千	百	十	元	角	分	百	十万	万	千	百	十	元	角	分		百	十万	万	千	百	十	元	角	分	
1	1	期初余额																			贷		4	8	5	0	8	0	0	6	
1	31	本月发生额			1	9	1	6	5	9			2	3	1	9	6	4	4											
		本月合计			1	9	1	6	5	9			2	3	1	9	6	4	4		贷		5	0	6	3	5	9	9	1	
		本年累计			1	9	1	6	5	9			2	3	1	9	6	4	4											

工程物资总账

2021年		摘要	借方								贷方								√ 借或贷	余额								核对
月	日		百	十万	万	千	百	十	元	角	分	百	十万	万	千	百	十	元	角	分		百	十万	万	千	百	十	元	角	分	
1	1	期初余额																			借		3	0	0	0	0	0	0	0	
1	31	本月发生额		4	8	0	0	0	0	0	0		4	8	0	0	0	0	0	0											
		本月合计		4	8	0	0	0	0	0	0		4	8	0	0	0	0	0	0	借		3	0	0	0	0	0	0	0	
		本年累计		4	8	0	0	0	0	0	0		4	8	0	0	0	0	0	0											

固定资产清理总账

2021年		摘要	借方							√	贷方							借或贷	余额							核对
月	日		百	十	万	千	百	十	元	角	分		百	十	万	千	百	十	元	角	分		百	十	万	千	百	十	元	角	分	
1	31	本月发生额				3	0	8	3	4	1					3	0	8	3	4	1	平							0	0	0	
		本月合计				3	0	8	3	4	1					3	0	8	3	4	1											
		本年累计				3	0	8	3	4	1					3	0	8	3	4	1											

无形资产总账

2021年		摘要	借方							√	贷方							借或贷	余额							核对
月	日		百	十	万	千	百	十	元	角	分		百	十	万	千	百	十	元	角	分		百	十	万	千	百	十	元	角	分	
1	1	期初余额																				借			6	0	0	0	0	0	0	

累计推销悬账

2021年		摘要	借方								贷方								√借或贷	余额								核对
月	日		百	十	万	千	百	十	元	角	分	百	十	万	千	百	十	元	角	分		百	十	万	千	百	十	元	角	分	
1	1	期初余额																			贷			1	2	0	0	0	0	0	
1	31	本月发生额													5	0	0	0	0	0											
		本月合计													5	0	0	0	0	0	贷			1	2	5	0	0	0	0	
		本年累计													5	0	0	0	0	0											

在建工程悬账

2021年		摘要	借方								贷方								√借或贷	余额								核对
月	日		百	十	万	千	百	十	元	角	分	百	十	万	千	百	十	元	角	分		百	十	万	千	百	十	元	角	分	
1	1	期初余额		6	8	0	0	0	0	0	0										借		3	5	0	0	0	0	0	
1	31	本月发生额		6	8	0	0	0	0	0	0		1	0	3	0	0	0	0	0											
		本月合计		6	8	0	0	0	0	0	0		1	0	3	0	0	0	0	0	平				0	0	0	0	0	
		本年累计											1	0	3	0	0	0	0	0											

制造费用总账

2021年		摘要	借方								√	贷方								借或贷	余额								核对
月	日		百	十	万	千	百	十	元	角	分		百	十	万	千	百	十	元	角	分		百	十	万	千	百	十	元	角	分	
1	31	本月发生额		2	5	6	2	3	3	9	4				2	5	6	2	3	3	9	4										
		本月合计		2	5	6	2	3	3	9	4				2	5	6	2	3	3	9	4	平							0	0	
		本年累计		2	5	6	2	3	3	9	4				2	5	6	2	3	3	9	4										

短期借款总账

2021年		摘要	借方								√	贷方								借或贷	余额								核对
月	日		百	十	万	千	百	十	元	角	分		百	十	万	千	百	十	元	角	分		百	十	万	千	百	十	元	角	分	
1	1	期初余额																					贷		2	5	4	0	0	0	0	0	

应付票据总账

2021年		摘要	借方							√	贷方							借或贷	余额							核对
月	日		百	十	万	千	百	十	元	角	分		百	十	万	千	百	十	元	角	分		百	十	万	千	百	十	元	角	分	
1	1	期初余额																				贷			5	8	5	0	0	0	0	
1	31	本月发生额			5	8	5	0	0	0	0				3	4	0	1	3	0	0											
		本月合计			5	8	5	0	0	0	0				3	4	0	1	3	0	0	贷				4	0	1	3	0	0	
		本年累计			5	8	5	0	0	0	0				3	4	0	1	3	0	0											

应付账款总账

2021年		摘要	借方							√	贷方							借或贷	余额							核对
月	日		百	十	万	千	百	十	元	角	分		百	十	万	千	百	十	元	角	分		百	十	万	千	百	十	元	角	分	
1	1	期初余额																				贷		2	7	0	2	0	0	0	0	0	
1	31	本月发生额		2	3	4	0	0	0	0	0			1	5	7	0	7	0	0	0	0											
		本月合计		2	3	4	0	0	0	0	0			1	5	7	0	7	0	0	0	0	贷			3	8	7	0	0	0	0	
		本年累计		2	3	4	0	0	0	0	0			1	5	7	0	7	0	0	0	0											

应付职工薪酬总账

2021年		摘要	借方								√	贷方								借或贷	余额								核对
月	日		百	十	万	千	百	十	元	角	分		百	十	万	千	百	十	元	角	分		百	十	万	千	百	十	元	角	分	
1	1	期初余额			8	8	9	4	9	4	5											贷			8	9	0	1	2	4	4	
	31	本月发生额													1	8	3	8	9	0	7	9											
		本月合计			8	8	9	4	9	4	5				1	8	3	8	9	0	7	9	贷			1	6	3	4	5	3	7	8
		本年累计			8	8	9	4	9	4	5				1	8	3	8	9	0	7	9											

应交税费总账

2021年		摘要	借方								√	贷方								借或贷	余额								核对
月	日		百	十	万	千	百	十	元	角	分		百	十	万	千	百	十	元	角	分		百	十	万	千	百	十	元	角	分	
1	1	期初余额			4	6	4	6	8	4	8	5											贷			1	3	2	2	3	1	8	5
	31	本月发生额			4	6	4	6	8	4	8	5				5	0	9	0	9	4	1	1											
		本月合计			4	6	4	6	8	4	8	5				5	0	9	0	9	4	1	1	贷			1	7	6	6	4	1	1	1
		本年累计			4	6	4	6	8	4	8	5				5	0	9	0	9	4	1	1											

其他应付款总账

2021年		摘要	√	借方								贷方								借或贷	余额								核对
月	日			百	十	万	千	百	十	元	角	分	百	十	万	千	百	十	元	角	分		百	十	万	千	百	十	元	角	分	
1	1	期初余额																				贷					8	9	4	0	0	
1	31	本月发生额													1	0	6	3	5	0	贷				1	0	0	0	3	5	0	
		本月合计													1	0	6	3	5	0												
		本年累计													1	0	6	3	5	0												

预收账款总账

2021年		摘要	√	借方								贷方								借或贷	余额								核对
月	日			百	十	万	千	百	十	元	角	分	百	十	万	千	百	十	元	角	分		百	十	万	千	百	十	元	角	分	
1	1	期初余额			5	5	0	0	0	0	0										贷			5	0	0	0	0	0	0	
1	31	本月发生额			5	5	0	0	0	0	0										借				5	0	0	0	0	0	0	
		本月合计			5	5	0	0	0	0	0																					
		本年累计																														

长期借款总账

2021年		摘要	借方								贷方								借或贷	余额								核对
月	日		百	十	万	千	百	十	元	角	分	百	十	万	千	百	十	元	角	分	√	百	十	万	千	百	十	元	角	分	
1	1	期初余额																				贷	1	6	5	0	0	0	0	0	0	

股本总账

2021年		摘要	借方								贷方								借或贷	余额								核对
月	日		百	十	万	千	百	十	元	角	分	百	十	万	千	百	十	元	角	分	√	百	十	万	千	百	十	元	角	分	
1	1	期初余额																				贷	7	5	8	1	6	7	0	0	

资本公积总账

2021年		摘要	借方									贷方									借或贷	余额									核对
月	日		百	十	万	千	百	十	元	角	分	百	十	万	千	百	十	元	角	分		百	十	万	千	百	十	元	角	分	
1	1	期初余额																			∨				3	5	8	2	0	0	

盈余公积总账

2021年		摘要	借方									贷方									借或贷	余额									核对
月	日		百	十	万	千	百	十	元	角	分	百	十	万	千	百	十	元	角	分		百	十	万	千	百	十	元	角	分	
1	1	期初余额																			∨			4	1	6	2	6	0	0	

利润分配总账

2021年		摘要	√	借方								√	贷方								借或贷	余额								核对
月	日			百	十	万	千	百	十	元	角	分		百	十	万	千	百	十	元	角	分		百	十	万	千	百	十	元	角	分	
1	1	期初余额																					贷		2	5	9	6	1	6	2	3	

本年利润总账

2021年		摘要	√	借方								√	贷方								借或贷	余额								核对
月	日			百	十	万	千	百	十	元	角	分		百	十	万	千	百	十	元	角	分		百	十	万	千	百	十	元	角	分	
1	31	本月发生额		1	4	6	5	6	9	8	0	0			1	6	3	3	9	0	0	0											
		本月合计		1	4	6	5	6	9	8	0	0			1	6	3	3	9	0	0	0	贷		1	6	8	2	0	2	0	0	
		本年累计		1	4	6	5	6	9	8	0	0			1	6	3	3	9	0	0	0											

其他业务收入总账

2021年		摘要	借方								√	贷方									借或贷	余额								核对
月	日		百	十	万	千	百	十	元	角	分		百	十	万	千	百	十	元	角	分		百	十	万	千	百	十	元	角	分	
1	31	本月发生额			1	0	0	0	0	0	0				1	0	0	0	0	0	0											
		本月合计			1	0	0	0	0	0	0				1	0	0	0	0	0	0	平							0	0	0	
		本年累计			1	0	0	0	0	0	0				1	0	0	0	0	0	0											

主营业务收入总账

2021年		摘要	借方								√	贷方									借或贷	余额								核对
月	日		百	十	万	千	百	十	元	角	分		百	十	万	千	百	十	元	角	分		百	十	万	千	百	十	元	角	分	
1	31	本月发生额	1	6	2	3	9	0	0	0	0		1	6	2	3	9	0	0	0	0											
		本月合计	1	6	2	3	9	0	0	0	0		1	6	2	3	9	0	0	0	0	平								0	0	
		本年累计	1	6	2	3	9	0	0	0	0		1	6	2	3	9	0	0	0	0											

主营业务成本总账

2021年		摘要	借方								∨	贷方									借或贷	余额								核对
月	日		百	十	万	千	百	十	元	角	分		百	十	万	千	百	十	元	角	分		百	十	万	千	百	十	元	角	分	
1	31	本月发生额		1	0	9	2	4	8	7	0			1	0	9	2	4	8	7	0		平							0	0	
		本月合计		1	0	9	2	4	8	7	0			1	0	9	2	4	8	7	0											
		本年累计		1	0	9	2	4	8	7	0			1	0	9	2	4	8	7	0											

其他业务成本总账

2021年		摘要	借方								∨	贷方									借或贷	余额								核对
月	日		百	十	万	千	百	十	元	角	分		百	十	万	千	百	十	元	角	分		百	十	万	千	百	十	元	角	分	
1	31	本月发生额			2	0	2	2	2	2	0	0			2	0	2	2	2	2	0	0	平							0	0	
		本月合计			2	0	2	2	2	2	0	0			2	0	2	2	2	2	0	0											
		本年累计			2	0	2	2	2	2	0	0			2	0	2	2	2	2	0	0											

资产处置损益账

2021年		摘要	借方								√ 借或贷	贷方								余额								核对
月	日		百	十	万	千	百	十	元	角	分		百	十	万	千	百	十	元	角	分	百	十	万	千	百	十	元	角	分	
1	31	本月发生额				2	2	8	3	4	1																				
		本月合计				2	2	8	3	4	1					2	2	8	3	4	1	平							0	0	
		本年累计				2	2	8	3	4	1					2	2	8	3	4	1										

管理费用悬账

2021年		摘要	借方								√ 借或贷	贷方								余额								核对
月	日		百	十	万	千	百	十	元	角	分		百	十	万	千	百	十	元	角	分	百	十	万	千	百	十	元	角	分	
1	31	本月发生额		1	3	4	7	0	7	7	2																				
		本月合计		1	3	4	7	0	7	7	2			1	3	4	7	0	7	7	2	平							0	0	
		本年累计		1	3	5	7	0	7	7	2			1	3	4	7	0	7	7	2										

销售费用总账

2021年		摘要	借方							贷方							借或贷	余额							核对
月	日		百	十	万	千	百	十	元	角	分	百	十	万	千	百	十	元	角	分						
1	31	本月发生额			3	7	0	7	2	1	7										✓						
		本月合计			3	7	0	7	2	1	7										平					0	0
		本年累计			3	7	0	7	2	1	7																

财务费用总账

2021年		摘要	借方									贷方									借或贷	余额									核对
月	日		百	十	万	千	百	十	元	角	分	百	十	万	千	百	十	元	角	分		百	十	万	千	百	十	元	角	分	
1	31	本月发生额				2	9	6	0	0											✓										
		本月合计				2	9	6	0	0											平								0	0	
		本年累计				2	9	6	0	0																					

税金及附加总账

2021年		摘要	借方								√	贷方								√	借贷	余额								核对
月	日		百	十	万	千	百	十	元	角	分		百	十	万	千	百	十	元	角	分			百	十	万	千	百	十	元	角	分	
1	31	本月发生额		1	7	8	6	2	9	0	0			1	7	8	6	2	9	0	0										0	0	
		本月合计		1	7	8	6	2	9	0	0			1	7	8	6	2	9	0	0		平										
		本年累计		1	7	8	6	2	9	0	0			1	7	8	6	2	9	0	0												

三、公司1月份的利润表和资产负债表

利润表

编制单位：广东南村实业股份有限公司　　2021年1月　　日　　　　　　　　　　　　单位：元

项目	行次	本月数	本年累计数
一、营业收入	1	1 633 900.00	1 633 900.00
减：营业成本	2	1 112 709.70	1 112 709.70
税金及附加	3	178 629.00	178 629.00
销售费用	4	37 072.17	37 072.17
管理费用	5	134 707.72	134 707.72
研发费用	6	0.00	0.00
财务费用	7	296.00	296.00
其中：利息费用	8	0.00	0.00
利息收入	9	0.00	0.00
资产减值损失	10	0.00	0.00
加：其他收益	11	0.00	0.00
投资收益（损失以"-"号填列）	12	0.00	0.00
公允价值变动收益（损失以"-"号填列）	13	0.00	0.00
资产处置收益（损失以"-"号填列）	14	-2 283.41	-2 283.41
二、营业利润	15	168 202.00	168 202.00
加：营业外收入	16	0.00	0.00
减：营业外支出	17	0.00	0.00
三、利润总额	18	168 202.00	168 202.00
减：所得税费用	19	0.00	0.00
四、净利润	20	168 202.00	168 202.00

资产负债表

编制单位：广东南村实业股份有限公司　　2021年1月31日　　　　　　　　　　　　单位：元

序号	资产	期初余额	期末余额	负债及所有者权益	期初余额	期末余额
1	货币资金	1 368 105.58	280 005.05	短期借款	2 540 000.00	2 540 000.00
2	交易性金融资产	6 000.00	6 000.00	应付票据	58 500.00	340 130.00
3	应收账款净额	81 400.00	1 222 700.00	应付账款	702 000.00	2 038 700.00
4	应收票据	156 000.00		应付职工薪酬	869 012.44	163 453.78
5	预付账款	25 000.00	25 000.00	应交税费	132 231.85	176 641.11
6	其他应收款	6 150.00	6 150.00	其他应付款	8 940.00	10 003.50
7	存货	2 293 600.00	2 003 326.48	预收账款	50 000.00	-5 000.00
8	流动资产合计	3 936 255.58	3 543 181.53	流动负债合计	4 360 684.29	5 263 928.39
9	债权投资	36 000.00	36 000.00	长期借款	1 650 000.00	1 650 000.00
10	长期股权投资	24 500.00	24 500.00	非流动负债合计	1 650 000.00	1 650 000.00

续上表

序号	资产	期初余额	期末余额	负债及所有者权益	期初余额	期末余额
11	固定资产净值	9 178 919.94	10 993 940.09	股本	7 558 167.00	7 558 167.00
12	工程物资	300 000.00	300 000.00	资本公积	3 582.00	3 582.00
13	无形资产	48 000.00	47 500.00	盈余公积	41 626.00	41 626.00
14	在建工程	350 000.00	0.00	利润分配	259 616.23	427 818.23
15	非流动资产合计	9 937 419.94	11 401 940.09	所有者权益合计	7 862 991.23	8 031 193.23
	资产合计	13 873 675.52	14 945 121.62	负债及所有者权益合计	13 873 675.52	14 945 121.62

第四部分 审计工作底稿

一、审计标识及其说明

审计标识说明表

标识	含义	标识	含义
∧	纵加核对相符	*	备注
<	横加核对相符	A100000	与企业所得税纳税申报表主表核对一致
B	与上年结转数核对一致	A101010	与企业所得税纳税申报表收入明细表核对一致
T	与原始凭证核对一致	A102010	与企业所得税纳税申报表成本支出明细表核对一致
G	与总分类账核对一致	A104000	与企业所得税纳税申报表期间费用明细表核对一致
S	与明细账核对一致	A105000	与企业所得税纳税申报表纳税调整项目明细表核对一致
T/B	与试算平衡表核对一致	其他标识详见企业所得税年度纳税申报表填报表单	
C	已发询证函		
C̸	已收回询证函		
AP	审核数		
E	已进行纳税调整		

二、审计工作底稿索引及工作底稿模板

资产类工作底稿索引

资产类工作底稿

序号	工作底稿名称	索引号
1	资产类试算平衡表	A–0
2	年初资产类试算平衡表	A–0–1
3	货币资金实质性程序	A–1
4	货币资金审定表	A–1–1
5	库存现金明细表	A–1–1–1
6	银行存款明细表	A–1–1–2
7	银行存款截止测试	A–1–1–2–1
8	银行存款函证结果汇总表	A–1–1–2–2
9	银行询证函	A–1–1–2–3

续上表

序号	工作底稿名称	索引号
10	其他货币资金明细表	A-1-1-3
11	现金监盘表	A-1-1-4
12	银行存款（其他货币资金）余额调节表汇总	A-1-1-5
13	交易性金融资产实质性程序	A-2
14	交易性金融资产审定表	A-2-1
15	衍生金融资产审定表	A-2-1-1
16	应收票据实质性程序	A-3
17	应收票据审定表	A-3-1
18	应收票据明细表	A-3-1-1
19	应收账款实质性程序	A-4
20	应收账款审定表	A-4-1
21	应收账款明细表	A-4-1-1
22	企业询证函（积极）	A-4-1-2
23	企业询证函（消极）	A-4-1-3
24	应收账款替代程序测试表	A-4-1-4
25	坏账准备计算表（应收账款）	A-4-2
26	预付账款实质性程序	A-5
27	预付账款审定表	A-5-1
28	预付账款明细表	A-5-1-1
29	预付账款替代程序测试表	A-5-1-2
30	坏账准备计算表（预付账款）	A-5-2
31	应收股利实质性程序	A-6
32	应收股利审定表	A-6-1
33	应收利息实质性程序	A-7
34	应收利息审定表	A-7-1
35	其他应收款实质性程序	A-8
36	其他应收款审定表	A-8-1
37	其他应收款明细表	A-8-1-1
38	其他应收款替代程序测试表	A-8-1-2
39	坏账准备计算表（其他应收款）	A-8-2

续上表

序号	工作底稿名称	索引号
40	应收补贴款实质性程序	A-9
41	应收补贴款审定表	A-9-1
42	存货实质性程序	A-10
43	存货审定表	A-10-1
44	原材料明细表	A-10-1-1
45	库存商品（产成品）明细表	A-10-1-2
46	存货计价测试表	A-10-2
47	存货跌价准备测试表	A-10-2-1
48	存货入出库截止性测试表	A-10-2-2
49	存货抽盘核对表	A-10-3
50	待摊费用实质性程序	A-11
51	持有待售资产审定表	A-11-1
52	待摊费用摊销测算表	A-11-1-1
53	一年内到期非流动资产审定表	A-12-1
54	其他流动资产审定表	A-12-2
55	合同资产审定表	A-12-2-1
56	应收款项融资审定表	A-12-3
57	其他债权投资实质性程序	A-14
58	其他债权投资审定表	A-14-1
59	其他权益工具投资实质性程序	A-15
60	其他权益工具投资审定表	A-15-1
61	长期应收款实质性程序	A-16
62	长期应收款审定表	A-16-1
63	长期应收款明细表	A-16-1-1
64	长期股权投资实质性程序	A-17
65	长期股权投资审定表	A-17-1
66	长期股权投资（权益法）测算表	A-17-2
67	长期债权投资实质性程序	A-18
68	长期债权投资（债权投资）审定表	A-18-1
69	投资性房地产实质性程序	A-19

续上表

序号	工作底稿名称	索引号
70	投资性房地产审定表	A-19-1
71	固定资产实质性程序	A-20
72	固定资产审定表	A-20-1
73	固定资产折旧测算表	A-20-2
74	固定资产减少明细表	A-20-3
75	固定资产抽盘表	A-20-4
76	固定资产特殊分类审定表	A-20-5
77	在建工程实质性程序	A-21
78	在建工程审定表	A-21-1
79	工程物资实质性程序	A-22
80	工程物资审定表	A-22-1
81	固定资产清理实质性程序	A-23
82	固定资产清理审定表	A-23-1
83	生产性生物资产审定表	A-24-1
84	油气资产审定表	A-25-1
85	使用权资产审定表	A-25-2
86	开发（研发）支出实质性程序	A-26
87	开发（研发）支出审定表	A-26-1
88	商誉实质性程序	A-27
89	商誉审定表	A-27-1
90	无形资产实质性程序	A-28
91	无形资产审定表	A-28-1
92	无形资产摊销测算表	A-28-2
93	长期待摊费用实质性程序	A-29
94	长期待摊费用审定表	A-29-1
95	长期待摊费用摊销测算表	A-29-2
96	递延所得税资产实质性程序	A-30
97	递延所得税资产审定表	A-30-1
98	递延所得税资产测算表	A-30-2
99	递延所得税资产明细表	A-30-3
100	其他非流动资产审定表	A-31
101	其他非流动金融资产审定表	A-32

货币资金实质性程序

被审计单位：	索引号：A-1
项目：货币资金实质性程序	截止日：
编制：	复核：
编制日期：	复核日期：

一、审计目标与认定关系对应关系表

审计目标及需从实质性程序获取的保证程度	财务报表或纳税申报表认定				
	存在	完整性	权利和义务	计价和分摊	列报
A. 资产负债表中记录的货币资金是存在的					
B. 所有应当记录的货币资金均已记录					
C. 记录的货币资金由被审计单位拥有和控制					
D. 货币资金以恰当的金额包括在财务报表中，与之相关的计价调整已恰当记录					
E. 货币资金已按照会计准则（或制度）的规定在财务报表中做出恰当列报					
（1）评估的重大错报风险水平					
（2）控制测试结果是否支持风险评估结论					
（3）需从实质性程序获取的保证程度					

二、审计目标与审计程序对应关系表

审计目标	可供选择的审计程序及计划实施的实质性程序	执行人	是否选择	索引号
D	1. 获取或编制货币资金余额明细表： （1）分别复核加计是否正确，并分别与总账金额、日记账合计数核对是否相符，总计数与财务报表核对是否相符。 （2）检查非记账本位币的折算汇率及折算金额是否正确			
A	2. 实施现金监盘程序： （1）制订监盘计划，确定监盘时间。 （2）将盘点金额与现金日记账余额进行核对。如有差异应查明原因，提请被审计单位调整，如无法查明原因，提请被审计单位按管理权限批准后做出调整。 （3）在非资产负债表进行盘点时，应调整至资产负债表日的金额。 （4）如有充抵现金的借条、未提现支票、未作报销的原始凭证，需在盘点表中注明。必要时提请被审计单位做出调整，特别关注数家公司混用现金保险箱的情况			
AC	3. 编制银行存单检查表，检查银行存单与账面记录的金额是否一致，是否被质押或限制使用，存单是否为被审计单位所拥有： （1）对已质押的定期存款，检查质押合同，关注相应的质押借款有无入账。 （2）对未质押的定期存款，应检查开户证书原件。 （3）对审计外勤工作结束日前已提取的定期存款，应核对相应的兑付凭证和银行对账单			

续上表

审计目标	可供选择的审计程序及计划实施的实质性程序	执行人	是否选择	索引号
ABCD	4. 获取并检查银行存款、其他货币资金银行对账单及余额调节表： （1）获取资产负债表日银行对账单，并与账面余额核对，关注银行对账单账户户名是否为被审计单位。 （2）获取资产负债表日银行存款（其他货币资金）余额调节表，检查调节表中加计数是否正确，调节后银行日记账余额与银行对账单余额是否一致。 （3）复核余额调节表的调节事项性质和范围是否合理。 （4）检查是否存在未入账的利息收入和利息支出。 （5）检查是否存在其他跨期收支事项。 （6）（当未经授权或授权不清支付货币资金的现象比较突出时）检查银行存款余额调节表中支付给异常的领款人（包括没有载明收款人）、签字不全、收款地址不清、金额较大的调整事项			
ACD	5. 实施货币资金函证程序，编制银行函证结果汇总表，检查银行回函： （1）向开户银行函证（范围为被审计单位本期存过款的开户银行，包括零账户和账户已结清的银行）、向承办银行汇票、本票等其他货币资金业务的银行函证，函证内容包括资产负债表日银行对账单余额是否正确，是否有质押、冻结等对变现有限制，或存放在境外，或有潜在回收风险的款项。 （2）确定被鉴证单位账面余额与银行函证结果的差异，对不相符事项做出适当处理			
BA	6. 检查货币资金（包括现金、银行存款、其他货币资金）收支的截止日期是否正确。选取资产负债表日前后适量样本（＿＿＿张、＿＿＿金额以上的凭证）实施截止测试，关注业务内容及对应项目。如有跨期收支事项，考虑提请被审计单位调整			
ABC	7. 抽查大额货币资金（包括现金、银行存款、其他货币资金）收支的原始凭证： （1）检查原始凭证是否齐全、记账凭证与原始凭证是否相符、账务处理是否正确、是否记录于恰当的会计期间等内容。 （2）检查是否存在非营业目的的大额货币资金转移，并核对相关账户的进账情况。如有与被鉴证单位生产经营无关的收支事项，应查明原因并做相应的记录。 8. 针对评估的舞弊风险等因素增加的审计程序： （1）对现金进行突击监盘。 （2）对于可能存在舞弊风险的银行账户（包括已注销的账户），从对账单中选取重大收支金额，追查至被鉴证单位银行存款日记账，检查是否准确记录			
E	9. 检查货币资金是否已按照会计准则（或制度）的规定在财务报表中做出恰当的列报			

货币资金审定表

被审计单位：　　　　　　　　　　　　　索引号：A－1－1
项目：货币资金　　　　　　　　　　　　截止日：
编制：　　　　　　　　　　　　　　　　复核：
编制日期：　　　　　　　　　　　　　　复核日期：

项目名称	期末未审数	账项调整		期末审定数	年初审定数	其中期末外币余额	
		借方	贷方			外币种类	金额
库存现金							
外币现金							
现金小计							
银行存款小计							
其他货币资金小计							
货币资金合计							

审核说明：

审核结论：

负债类工作底稿索引

负债类工作底稿

序号	工作底稿名称	索引号
1	负债类试算平衡表	B-0
2	年初负债类试算平衡表	B-0-1
3	短期借款/长期借款实质性程序	B-1
4	短期借款审定表	B-1-1
5	交易性金融负债实质性程序	B-2
6	交易性金融负债审定表	B-2-1
7	衍生金融负债审定表	B-2-1-1
8	应付票据实质性程序	B-3
9	应付票据审定表	B-3-1
10	应付票据明细表	B-3-1-1
11	应付账款实质性程序	B-4
12	应付账款审定表	B-4-1
13	应付账款明细表	B-4-1-1
14	应付账款替代程序测试表	B-4-4
15	预收账款实质性程序	B-5
16	预收账款审定表	B-5-1
17	预收账款明细表	B-5-1-1
18	预收账款替代程序测试表	B-5-4
19	应付职工薪酬实质性程序	B-6
20	应付职工薪酬审定表	B-6-1
21	应付职工薪酬明细表	B-6-1-1
22	应付利息实质性程序	B-7
23	应付利息审定表	B-7-1
24	应付股利实质性程序	B-8
25	应付股利审定表	B-8-1
26	应交税费实质性程序	B-9
27	应交税费审定表	B-9-1
28	应交增值税明细审定表	B-9-2
29	其他应付款实质性程序	B-10
30	其他应付款审定表	B-10-1
31	其他应付款明细表	B-10-1-1
32	其他应付款替代程序测试表	B-10-4

续上表

序号	工作底稿名称	索引号
33	预提费用实质性程序	B–11
34	预提费用审定表	B–11–1
35	预计负债实质性程序	B–12
36	预计负债审定表	B–12–1
37	一年内到期非流动负债审定表	B–13–1
38	其他流动负债审定表	B–14–1
39	合同负债审定表	B–14–2
40	长期借款审定表	B–15
41	应付债券实质性程序	B–16
42	应付债券审定表	B–16–1
43	长期应付款实质性程序	B–17
44	长期应付款审定表	B–17–1
45	长期应付款明细表	B–17–1–1
46	专项应付款实质性程序	B–18
47	专项应付款审定表	B–18–1
48	递延所得税负债实质性程序	B–19
49	递延所得税负债审定表	B–19–1
50	递延所得税负债明细表	B–19–1–1
51	递延所得税负债测算表	B–19–2
52	其他非流动负债审定表	B–20–1
53	递延收益审定表	B–20–2
54	租赁负债审定表	B–20–3
55	实收资本实质性程序	C–1
56	实收资本审定表	C–1–1
57	注册资本实缴明细表	C–1–1–2
58	资本公积实质性程序	C–2
59	资本公积审定表	C–2–1
60	其他权益工具审定表	C–2–1–1
61	盈余公积实质性程序	C–3
62	盈余公积审定表	C–3–1
63	专项储备审定表	C–3–1–1
64	未分配利润实质性程序	C–4
65	未分配利润审定表	C–4–1
66	其他综合收益审定表	C–5–1
67	税后其他综合收益审定表	C–5–2

短期借款/长期借款实质性程序

被审计单位：	索引号：B-1
项目：短期借款/长期借款实质性程序	截止日：
编制：	复核：
编制日期：	复核日期：

一、审计目标与认定关系对应关系表

审计目标及需从实质性程序获取的保证程度	财务报表或纳税申报表认定				
	存在	完整性	权利和义务	计价和分摊	列报
A. 资产负债表中记录的短期借款/长期借款是存在的					
B. 所有应当记录的短期借款/长期借款均已记录					
C. 记录的短期借款/长期借款是被审计单位应当履行的现时义务					
D. 短期借款/长期借款以恰当的金额包括在财务报表中，与之相关的计价调整已恰当记录					
E. 短期借款/长期借款已按照会计准则（或制度）的规定在财务报表中做出恰当列报					
（1）评估的重大错报风险水平					
（2）控制测试结果是否支持风险评估结论					
（3）需从实质性程序获取的保证程度					

二、审计目标与审计程序对应关系表

审计目标	可供选择的审计程序及计划实施的实质性程序	执行人	是否选择	索引号
D	1. 获取或编制短期借款/长期借款明细表： （1）复核加计是否正确，并与报表数、总账数和明细账合计数核对是否相符。 （2）检查非记账本位币短期借款/长期借款的折算汇率及折算金额是否正确，折算方法是否前后期一致			
B	2. 检查被鉴证单位贷款卡，核实账面记录是否完整。对被鉴证单位贷款卡上列示的信息与账面记录的差异进行分析，并关注贷款卡中列示的被鉴证单位对外担保的信息			
ACD	3. 对借款实施函证程序			
ADC	4. 对本期增加的借款，检查借款合同，了解借款数额、借款用途、借款条件、借款日期、还款期限、借款利率，并与相关会计记录相核对			
BDC	5. 对本期减少的借款，检查相关记录和原始凭证，核实还款金额，并与相关会计记录相核对			
E	6. 检查期末逾期借款，至外勤工作日是否归还或办理了展期手续。同时关注逾期借款对被鉴证单位财务状况的影响（如罚息、诉讼事项、查封资产等）			
D	7. 检查借款费用的会计处理是否正确，是否正确计入财务费用、成本、在建工程等相关账户，借款费用资本化的时点和期间、资产范围、目的和用途等是否符合资本化条件 8. 针对评估的舞弊风险等因素增加的审计程序			
E	9. 检查短期借款/长期借款是否已按照会计准则（或制度）的规定在财务报表中做出恰当的列报			

短期借款审定表

被审计单位：　　　　　　　　　　　　　索引号：B－1－1
项目：短期借款　　　　　　　　　　　　截止日：
编制：　　　　　　　　　　　　　　　　复核：
编制日期：　　　　　　　　　　　　　　复核日期：

项目名称	年初审定数	本期归还	本期增加	期末未审数	账项调整		期末审定数	其中期末外币余额	
					借方	贷方		外币种类	金额
合计									

审核说明：

审核结论：

损益类工作底稿索引

损益类工作底稿

序号	工作底稿名称	索引号
1	损益类试算平衡表	D－0
2	主营业务收入实质性程序	D－1
3	主营业务收入审定表	D－1－1
4	主营业务收入明细表	D－1－1－1
5	毛利率分析表	D－1－2
6	主营业务收入截止测试	D－1－3
7	其他业务利润实质性程序	D－2
8	其他业务收入审定表	D－2－1
9	主营业务成本实质性程序	D－3
10	主营业务成本审定表	D－3－1
11	主营业务成本明细表	D－3－1－1
12	主营业务成本（生产成本）倒轧表	D－3－3
13	制造费用审定表	D－3－4
14	制造费用明细表	D－3－4－1

续上表

序号	工作底稿名称	索引号
15	生产成本审定表	D-3-5
16	生产成本明细表	D-3-5-1
17	其他业务成本审定表	D-4
18	税金及附加实质性程序	D-5
19	税金及附加审定表	D-5-1
20	税金及附加计算表	D-5-2
21	增值税申报表审定表	D-5-2-1
22	全年增值税审核明细表（一般纳税人）	D-5-2-1-1
23	销售费用实质性程序	D-6
24	销售费用审定表	D-6-1
25	销售费用明细表	D-6-1-1
26	销售费用截止测试	D-6-1-2
27	管理费用实质性程序	D-7
28	管理费用审定表	D-7-1
29	管理费用明细表	D-7-1-1
30	管理费用截止测试	D-7-1-2
31	研发费用明细表	D-7-1-3
32	财务费用实质性程序	D-8
33	财务费用审定表	D-8-1
34	财务费用明细表	D-8-1-1
35	财务费用截止测试	D-8-1-2
36	资产减值损失实质性程序	D-9
37	资产减值损失审定表	D-9-1
38	信用减值损失审定表	D-9-2
39	公允价值变动收益实质性程序	D-10
40	公允价值变动收益审定表	D-10-1
41	投资收益实质性程序	D-11
42	投资收益审定表	D-11-1
43	其他收益实质性程序	D-12-1
44	其他收益审定表	D-12-1-1
45	营业外收入实质性程序	D-13
46	营业外收入审定表	D-13-1
47	资产处置收益审定表	D-13-2
48	营业外支出实质性程序	D-14
49	营业外支出审定表	D-14-1
50	以前年度损益调整（转入利润分配）审定表	D-15
51	所得税费用实质性程序	D-16
52	所得税费用审定表	D-16-1

主营业务收入实质性程序

被审计单位:	索引号：D-1
项目：主营业务收入实质性程序	期间：
编制：	复核：
编制日期：	复核日期：

一、审计目标与认定关系对应关系表

项目	财务报表或纳税申报表认定					
	发生	完整性	准确性	截止	分类	列报
A. 利润表中记录的主营业务收入已经发生，且与被审计单位有关						
B. 所有应当记录的主营业务收入均已记录						
C. 与主营业务收入有关的金额及其他数据已恰当记录						
D. 主营业务收入已记录于正确的会计期间						
E. 主营业务收入已记录于恰当的账户						
F. 主营业务收入已按照会计准则（或制度）的规定在财务报表中做出恰当列报						
（1）评估的重大错报风险水平						
（2）控制测试结果是否支持风险评估结论						
（3）需从实质性程序获取的保证程度						

二、审计目标与审计程序对应关系表

审计目标	可供选择的审计程序及计划实施的实质性程序	执行人	是否选择	索引号
C	1. 获取或编制主营业务收入明细表，复核加计是否正确，并与报表数、总账数和明细账合计数核对是否相符			
E	2. 检查主营业务收入的确认原则和方法是否符合会计政策规定，分类是否准确，前后期是否一致			
AB	3. 实施实质性分析程序： （1）将本期的主营业务收入与上期的主营业务收入进行比较，分析产品销售的结构和价格变动是否异常，并分析异常变动的原因。 （2）计算本期重要产品的毛利率，与上期比较，检查是否存在异常，各期之间是否存在重大波动，查明原因；获取产品价格目录，抽查售价是否符合价格政策，有无价格异常或转移收入情况。 （3）比较本期各月各类主营业务收入的波动情况，分析其变动趋势是否正常，是否符合被鉴证单位季节性、周期性的经营规律，查明异常现象和重大波动的原因。 （4）将本期重要产品的毛利率与同行业企业进行对比分析，检查是否存在异常。 （5）结合应交税金项目的鉴证，根据增值税纳税申报表，估算全年收入，与实际收入金额比较			

续上表

审计目标	可供选择的审计程序及计划实施的实质性程序	执行人	是否选择	索引号
AB	4. 检查主营业务收入的确认方法是否符合企业会计制度的规定，前后期是否一致；关注周期性、偶然性的收入是否符合既定的收入确认方法。检查有无特殊的销售行为，如委托代销、分期收款销售、商品需要安装和检验的销售、附有退回条件的销售、售后租回、售后回购、以旧换新、出口销售等，其会计处理是否符合企业会计制度的规定： （1）采用直接收款销售方式的，结合货币资金、应收账款、存货等科目进行审核。 （2）采用预收账款销售方式的，结合预收账款、存货等科目与所签合同进行审核，对存在已收货款并已将商品发出的交易不入账的情况做纳税调整。 （3）采用托收承付结算方式的，结合货币资金、应收账款、存货等科目进行审核，审核是否发货、托收手续是否办妥、托收承付结算回单是否正确，对存在已发货并办妥托收手续而未做收入的做纳税调整。 （4）委托其他单位代销商品、劳务的，应结合存货、应收账款、银行存款等科目，审核是否在收到代销单位代销清单，是否按税法规定做收入处理。 （5）销售商品需要安装和检验的，确认收入的时间是否正确。 （6）采用委托外贸代理出口方式的，应于收到外贸企业代办的发运凭证和银行交款凭证时，确认收入的实现。重点审核有无代办发运凭证和银行交款单，是否存在不按发运凭证或银行交款凭证确认收入的情形。 （7）采用赊销和分期收款结算方式的，审核是否按合同约定的收款日期做收入处理，对存在不按合同约定日期确认收入不入账、少入账、缓入账的情形应做纳税调整			
C	5. 获取产品价格目录，抽查售价是否符合价格政策，并注意销售给关联方或关系密切的重要客户的产品价格是否合理，相互之间有无转移利润的现象			
B	6. 抽取　　张发货单，审查出库日期、品名、数量等是否与发票、销售合同、记账凭证等一致			
AC	7. 抽取　　张记账凭证，审查入账日期、品名、数量、单价、金额等是否与发票、发货单、销售合同等一致			
AC	8. 结合对应收账款项目的鉴证，选择主要客户函证本期销售额			
A	9. 对于出口销售，应当将销售记录与出口报关单、货运提单、销售发票等出口销售单据进行核对，必要时向海关函证 10. 长期工程合同收入，应按完工进度或者完成工作量进行审核，确认收入的实现。查明有无随意确认收入、虚增或虚减本期收入的情形 11. 房地产企业的销售收入按照相关税收政策确认 12. 审核安装费收入、宣传媒介的收费、软件费、服务费、艺术表演、招待宴会和其他特殊活动的收费、会员费、特许权费、劳务费确认收入的时间 13. 审核企业从购货方取得的价外费用是否按规定入账 14. 关注有无免税收入及符合条件的可减计收入项目 15. 关注预收账款和应收账款红字等异常现象 16. 调查集团内部销售情况，取得相关资料			

续上表

审计目标	可供选择的审计程序及计划实施的实质性程序	执行人	是否选择	索引号
D	17. 实施对销售的截止测试： （1）通过测试资产负债表日前后　　天且金额大于　　的发货单据，与主营业务收入明细账进行核对；同时，从主营业务收入明细账选取在资产负债表日前后　　天且金额大于　　的凭证，与发货单据核对，以确定销售是否存在跨期现象。 （2）复核资产负债表日前后的销售和发货水平，确定业务活动水平是否异常（如与正常水平相比），并考虑是否有必要追加截止测试程序。 （3）取得资产负债表日后所有的销售退回记录，检查是否存在提前确认收入的情况。 （4）结合资产负债表日应收账款的函证程序，检查有无未取得对方认可的大额销售			
C	18. 检查以非记账本位币结算的主营业务收入的折算汇率及折算金额是否正确 19. 存在销货退回的，结合原始销售凭证检查会计处理是否正确 20. 检查销售折扣与折让： （1）获取或编制折扣与折让明细表，复核加计正确，并与明细账合计数核对相符。 （2）取得被审计单位有关折扣与折让的具体规定和其他文件资料，并抽查较大的折扣与折让发生额的授权批准情况，与实际执行情况进行核对，检查其是否经授权批准，是否合法、真实。 （3）销售折扣与折让是否及时足额提交对方，有无虚设中介、转移收入、私设账外"小金库"等情况。 （4）检查折扣与折让的会计处理是否正确。 21. 标明对关联方销售的金额，执行关联方及其交易鉴证程序 22. 针对评估的舞弊风险等因素增加的鉴证程序，如： （1）按月份或分部门从更细致的数据层面上实施分析程序。 （2）通过函证或更直接的沟通方式向被鉴证单位的客户证实销售合同的部分或全部条款，以及是否存在附加协议。 （3）就鉴证期间的销售和发货情况，特别是异常交易，询问除财务人员以外的其他人员。 （4）在期末或接近期末，现场观察被鉴证单位的销售及发货情况，同时实施适当的截止测试，关注被鉴证单位对退货情形的处理及会计记录。 （5）识别并分析异常的销售折扣，确定其得到批准。 （6）针对大宗或异常销售，就销售价格、付款方式、信用条件、批准过程及合同其他条款分析其合理性			
F	23. 检查主营业务收入是否已按照会计准则（或制度）的规定在财务报表中做出恰当列报			

主营业务收入审定表

被审计单位：　　　　　　　　　　　　　　　　　　索引号：D-1-1
项目：主营业务收入　　　　　　　　　　　　　　　期间：
编制：　　　　　　　　　　　　　　　　　　　　　复核：
编制日期：　　　　　　　　　　　　　　　　　　　复核日期：

项目类别	本期未审数	账项调整		本期审定数	上期审定数	变动率	备注
		借方	贷方				
合计							

税务分类	其中：销售货物收入		劳务或服务收入		建筑装饰收入		出租资产收入

其中：出口收入						出口收入占比例	

审核说明：

审核结论：

综合类工作底稿

综合类工作底稿索引

序号	工作底稿名称	索引号
1	企业基本情况表	Z-2
2	了解被审计单位对会计政策及会计估计的选择和运用	Z-2-1
3	业务承接/保持评价表	Z-3
4	工时与费用控制表	Z-3-1
5	初步业务活动程序表	Z-3-2
6	首次接受委托时对期初余额的审计	Z-3-2-1
7	了解被审计单位及其环境	Z-5-1
8	企业内部控制制度调查问卷	Z-5-2

续上表

序号	工作底稿名称	索引号
9	舞弊风险评估——考虑舞弊风险因素	Z-5-3
10	舞弊风险评估与应对	Z-5-4
11	风险评估汇总表	Z-5-5
12	持续经营	Z-5-5-1
13	审计（鉴证）总体计划	Z-5-6
14	资产负债表项目分析程序表	Z-5-7
15	利润表项目分析程序表	Z-5-8
16	主要财务指标分析程序表	Z-5-9
17	项目组成员独立性声明书	Z-5-10
18	货币资金内部控制	Z-6-1
19	采购与付款内部控制	Z-6-2
20	销售与收款内部控制	Z-6-3
21	仓储与生产内部控制	Z-6-4
22	费用内部控制	Z-6-5
23	职工薪酬内部控制	Z-6-6
24	财务报告编制内部控制	Z-6-7
25	确定控制是否得到执行（穿行测试）	Z-6-8
26	未更正错报汇总表	Z-7-1
27	调整分录汇总表	Z-7-2
28	年初调整分录汇总表	Z-7-2-1
29	重分类分录汇总表	Z-7-3
30	年初重分类分录汇总表	Z-7-3-1
31	专业意见分歧解决表	Z-7-4
32	审计（鉴证）工作总结	Z-7-5
33	三级业务复核核对表	Z-7-6
34	业务复核核对表（三级复核表）	Z-7-6-1
35	交换意见记录	Z-7-7
36	企业提供资料清单	Z-7-8
37	或有事项	Z-7-9
38	期后事项	Z-7-10
39	客户管理部门声明书	Z-7-11

调整分录汇总表

编 制：_____
日 期：_____

被审计单位：

复 核：_____

项　　目：调整分录汇总表

日 期：_____

会计截止日：

索引号：Z-7-2

内容摘要	借/贷	会计科目	明细科目	借方金额	贷方金额
合计					

重分类分录汇总表

编 制：_____
日 期：_____

被审计单位：

复 核：_____

项　　目：重分类分录汇总表

日 期：_____

会计截止日：

索引号：Z-7-3

内容摘要	借/贷	会计科目	明细科目	借方金额	贷方金额
合计					

三级业务复核核对表

索引号：Z-7-6

被审计单位：　　　　　　　　　　　　　会计截止日：

	一级复核内容	是否适用	是否执行	备注意见
业务程序执行情况	一、业务报告（审计报告、税务鉴证报告、其他查账报告）			
	1. 标题、报告文号是否正确			
	2. 被审单位名称是否正确			
	3. 审查时期是否正确			
	4. 审查范围是否明确			
	5. 报告类型或审查结论是否恰当			
	6. 报告的结构是否符合准则或相关部门规定			
	7. 报告的形式是否符合我所规定（字号、字体、页眉、页脚）			
	8. 报告的落款是否正确			
	二、业务报告附件——报告附表及附注			
	（一）常用附表			
	1. 报表的单位名称是否与业务报告一致，报表日期是否正确			
	2. 资产负债表是否平衡			
	3. 资产负债表中的未分配利润是否与利润分配表中的未分配利润一致			
	4. 利润表的钩稽关系是否正确			
	5. 现金流量表中的现金净增减额是否等于资产负债表货币资金期末与期初数的差额			
	6. 现金流量表中经营活动产生的现金流量净额是否与补充资料中的现金流量净额一致			
	7. 现金流量表补充资料的净利润是否与利润表中的净利润一致			
	（二）会计报表附注			
	1. 会计报表附注的单位名称与业务报告的单位名称是否一致			
	2. 会计报表附注的范围、期间与业务报告的范围、期间是否一致			
	3. 有关会计项目的金额注释与会计报表相关栏次金额是否一致			
	4. 关联交易、重大事项、或有事项、承诺事项、日后事项的披露是否齐全、真实			

续上表

	一级复核内容	是否适用	是否执行	备注意见
业务程序执行情况	三、出具税务鉴证报告，还应关注：			
	1. 税务审核报告的附表是否齐全			
	2. 税务审核报告所附纳税申报表主表及附表结构是否正确			
	3. 其他附表数据与各主表的钩稽关系是否一致			
	4. 是否取得被审计单位的纳税申报表			
	5. 是否取得单位的纳税鉴定、纳税通知、减免税等批准文件，了解单位适用的税种、附加税种、计税基础、税率，以及征、免、减税的范围与期限			
	6. 各项流转税费（增值税及附加）的计缴基数是否正确			
	7. 企业所得税的应纳税所得额计算是否正确			
	8. 各项税费的纳税调增调减项目依据是否充分			
	9. 适用税费率是否正确			
	10. 单位有无税收优惠政策（例如税收减免等），相关手续是否完备			
	11. 单位是否受到过税务部门或其他监管部门的处罚，并考虑其对业务报告的影响			
	12. 其他税费（个人所得税、印花税、房产税等）的计缴是否正确			
	四、业务工作底稿			
	（一）综合类工作底稿			
	1. 业务约定书是否具备			
	2. 业务计划是否具备			
	3. 工作总结是否具备			
	4. 管理层声明书和与客户交换意见记录是否具备			
	5. 风险评估工作底稿是否具备			
	6. 分析性复核工作底稿是否具备			
	7. 未审会计报表是否具备			
	（二）业务类工作底稿			
	1. 货币资金中的银行存款询证函是否收集齐全			
	2. 库存现金是否进行了抽查、盘点			
	3. 存货监盘、抽查资料是否具备、齐全			
	4. 存货的计价测试是否完成			
	5. 应收、应付款项的发出询证函汇总表及其记录是否具备			
	6. 应收、应付款项未回函的替代程序是否完成			
	7. 长/短期投资的协议、章程、合同等是否收集齐全			
	8. 固定资产的折旧是否经过测算及检查			
	9. 无形资产的摊销是否经过测算及检查			

续上表

	一级复核内容	是否适用	是否执行	备注意见
业务程序执行情况	10. 长期待摊费用的摊销是否经过测算及检查			
	11. 长/短期借款的合同、银行询证函是否收集齐全			
	12. 长/短期借款利息的测算是否进行，利息记入财务费用及在建工程的情况是否进行了检查			
	13. 收入的确认依据是否充分			
	14. 收入截止日的测试是否完成			
	15. 成本计价的测试是否完成			
	16. 现金流量表的审计是否按其审计程序执行			
	17. 关联交易事项是否收集到相关资料并在报表附注中披露			
	18. 或有事项是否收集到相关资料并在报表附注中披露			
	19. 期后事项是否收集到相关资料并在报表附注中披露			

一级复核人签名： 日期：

	二级复核内容	是否适用	是否执行	备注意见
业务程序执行情况	1. 是否对项目组制订的工作计划进行审核（包括对委托单位情况是否全面了解，风险评估是否恰当，重点审查领域或项目的判断是否恰当，重要性水平的确定是否合适，审计执行人员是否胜任，时间预算是否适宜等）			
	2. 是否对项目组的工作进行指导并帮助解决了执业过程中所遇到的问题，对重大问题已向负责人请示并获解决			
	3. 是否已审核过项目组编写的业务工作总结和工作底稿复核记录			
	4. 是否对重点审查领域和重要审查项目的工作底稿进行了详细复核			
	5. 经过审核是否认为项目组已充分执行了工作计划要求的审查程序			
	6. 工作底稿的编制是否符合要求并足以支持最后的审查结论			
	7. 在计划、内控和审查中发现的较大问题是否已被查清并做了恰当的处理			
	8. 是否已对重大事项（如关联交易、持续经营、期后事项和或有负债等）予以必要的关注			
	9. 是否认为业务报告的类型和披露的问题是恰当的			
	10. 出具非标准审计报告，对相关问题的披露是否已与被审查单位交换意见			
	11. 税务审核报告，相关的税费计缴是否正确，报告的形式是否符合税务部门的要求			
	12. 税务审核报告，对应补缴的税费是否已与被审计单位交换意见			
	13. 有没有需提请负责人注意的事项，如有请简要列示			

二级复核人签名： 日期：

续上表

	三级复核内容	是否适用	是否执行	备注意见
业务程序执行情况	1. 项目组、部门复核人是否按规定进行了工作底稿复核			
	2. 项目计划是否经过核准			
	3. 内部控制评价及风险的评估与控制是否恰当			
	4. 重点审查领域是否取得充分适当的证据			
	5. 重大问题的请示与处理是否恰当			
	6. 审定会计报表及其他附表是否不存在重大错报、漏报的可能性			
	7. 业务报告表述的意见或结论是否恰当			
	8. 税务审核报告是否不存在特别的税务风险			

三级复核人签名：　　　　　　　　　　　　　　日期：

客户管理部门声明书

索引号：Z-7-11

本单位已委托贵事务所对本单位　　年　月　日资产负债表和　　年　月　日利润表进行审查验证，并出具审核报告，为了表示对贵事务所审查工作的理解、支持和充分合作，谨就有关情况声明如下：

1. 本单位已按《企业会计准则》及有关财务会计制度的规定编制了年度会计报表，准确地反映本单位的财务状况和经营成果，其编制基础与上年度保持一致。本单位管理当局对报表的真实性、合法性和完整性承担责任。
2. 本单位已经提供全部财务、会计记录，以及全部税务记录等相关资料。
3. 本单位已提供全部关联者名单，关联交易清单及相关资料，关联者的重大交易事项。
4. 本单位所有交易事项均已入账，不存在任何隐瞒记录。
5. 本单位确信：
（1）无任何重大未估计的负债；
（2）无任何重大未估计或未披露的可能诉讼赔偿、背书、承兑担保等或有负债；
（3）无任何因违反法律、法规或合同的规定，以致需调整或披露的事项；
（4）未发现管理当局或其他职员舞弊的情形；
（5）未接获主管机关通知调整或改进会计报表的事项。
6. 本单位应收账款等债权均属实。
7. 本单位的存货均属实，其呆滞、陈旧、损毁均已处理。
8. 本单位严格遵守了合同规定条款，不存在因未履行合同而对财务报表和纳税申报产生重大影响的事项。

委托单位（盖章）：　　　　　　　　　　　　　单位负责人（签章）：

　　年　月　日　　　　　　　　　　　　　　会计主管（签章）：

交换意见记录

被审计单位：　　　　　　　　　　　　　　　　　　　　　　　　　索引号：Z-7-7

委托方参加人员	姓名	职务	受托方参加人员	姓名	职务
		财务负责人			

发现问题及处理意见	交换意见后的处理结果

被审计单位：　　　　　　　有限公司（盖章）

法人代表（负责人）签字：

日期：

企业基本情况表

编　制：_____
日　期：_____
复　核：_____
日　期：_____

被审计单位：
项目：企业基本情况表
会计截止日：

索引号：Z-2

企业注册地址		经济类型		
		所属行业		
联系电话		邮箱		
增值税类型		主管税务机关		市
企业所得税征收方式		税务登记号 （统一社会信用代码）		
是否设立分机构		税务登记编码		
工商登记	成立日期	年　月　日		
	执照号 （统一社会信用代码）			
经营范围			注册资本	万元
执行会计制度		法人代表（负责人）	财务负责人	联系人
经营期限	长期	企业批准（核准）设立部门	民间非营利组织主管部门	
审计报告意见类型		所得税汇算清缴报告意见类型		
出具验资报告机构		出具验资报告文号		
出具审计报告的文号		所得税汇算清缴报告文号		
出具审计报告的报备号		所得税汇算清缴报告报备号		
出具审计报告的协议书号		所得税汇算清缴报告协议书号		
出具审计报告的事务所名称		经会计师事务所审计的会计利润总额		
出具审计报告的报备日期		所得税汇算清缴报告报备日期		
审计报告的审核事项的说明内容如下：		所得税汇算清缴鉴证报告的审核事项的说明内容如下：		

业务承接/保持评价表

编 制：_____
日 期：_____
复 核：_____
日 期：_____

被审计单位：
项　　目：业务承接/保持评价表
会计截止日：

索引号：Z-3

一、业务基本情况	
审计（审核）报告用途	
已审核会计报表（纳税申报表）的预期使用者	
提交审计（审核）报告的时间	
二、评价客户的诚信	
客户的诚信	
1. 主要股东、关键管理人员、关联方及治理层的身份和商业信誉；	
2. 客户的经营性质；	
3. 主要股东、关键管理人员及治理层对内部控制环境和会计准则、税务风险管理等的态度；	
4. 客户是否过分考虑将会计师（税务师）事务所的收费维持在尽可能低的水平；	
5. 注册会计师（税务师）的工作范围受到不适当的限制的迹象；	
6. 客户可能涉嫌洗钱或其他刑事犯罪行为的迹象；	
7. 变更事务所的原因。	
评价结论：	
三、可鉴证性评价结论	
四、评价独立性	
评价项目	
1. 识别并记录会计师（税务师）事务所是否存在自身利益威胁、自我评价威胁、倡导威胁、亲密关系威胁和胁迫等损害独立性的情形。这些情形包括但不限于：	
（1）向客户收取的全部费用是否在会计师（税务师）事务所鉴证收入总额中占有很大比重？	
（2）是否存在或有收费？	
（3）是否存在逾期收费？	
（4）会计师（税务师）事务所是否接受客户提供的贵重礼品或超规格招待？	
（5）会计师（税务师）事务所是否与客户发生讼诉或可能发生诉讼？	
（6）会计师（税务师）事务所高级管理人员是否与客户的董事或高级管理人员存在直系亲属或近缘亲属关系？	
（7）会计师（税务师）事务所高级管理人员是否与客户对业务对象产生重大影响的员工存在直系亲属或近缘亲属关系？	
（8）客户的董事或高级管理人员，或所处职位能够对业务对象产生重大影响的员工近期是否曾是会计师（税务师）事务所的合伙人？	
（9）会计师（税务师）事务所是否在客户中拥有经济利益？	
（10）会计师（税务师）事务所是否为客户提供可能威胁独立性的服务，包括行使管理层职责的服务、代理记账或代编报表等会计服务、税务咨询服务等？	
（11）会计师（税务师）事务所是否在法律诉讼中以客户名义进行辩护或在共同的推广活动中以客户名义进行宣传？	
（12）是否存在会计师（税务师）事务所同一名高级职员多年执行该客户的鉴证业务的情况？	

续上表

2. 如果对上述问题回"是"，说明采取的防范措施
评价结论：
五、评价专业胜任能力、时间和资源
时间和资源
1. 根据本所目前的人力资源情况，是否拥有足够的具有必要素质和专业胜任能力的人员组成项目组？
2. 是否能够在提交报告的最后期限内完成业务？
专业胜任能力
1. 项目组关键人员是否熟悉客户所处行业及主要业务活动，能否获取对客户及其环境的整体了解？
3. 项目组关键人员是否充分了解适用于客户行业的会计处理；如否，是否能够获取这些相关知识，并说明途径。
4. 执行业务是否需要特定专业知识？如是，是否能够获取这些知识或利用专家的工作，并说明途径。
5. 如果需要项目质量控制复核，是否具备符合标准和资格要求的项目质量控制复核人员？
评价结论：
六、总体评价
对该项业务的总体评价：
基于我们目前对客户的了解，该客户的风险水平为：＿＿＿＿＿＿＿＿＿＿＿＿＿＿＿＿＿＿＿
七、鉴证收费可回收性评价
1. 预计鉴证收费用：＿＿＿＿＿＿＿＿＿＿＿＿＿＿元
2. 成本能否收回：＿＿＿＿＿＿＿＿＿＿＿＿＿＿
八、结论
基于上述方面，我们接受此项业务。
项目负责人签名：＿＿＿＿＿＿＿＿＿＿
日　　　期：＿＿＿＿＿＿＿＿＿＿＿＿
最终结论：＿＿＿＿＿＿＿＿＿＿＿＿＿

三、审核表

审核表

会计期间或截止日：　　　　　　　　　　　　　　　　　　　　　　索引号：
　　　　　　　　　　　　　　　　　　　　　　　　　　　　　　　单位：元

委托单位名称：	编制人		编制日期	
	复核人		复核日期	

审核结论：
一、错误的原因

二、调整分录

第五部分 审计报告及重新编制的会计报表模板

经过前面对被审计单位进行的初步了解、确定重要性水平、进行内部控制符合性测试、进行交易性金额实质性测试、根据审核的结果填制相关的审计工作底稿等审计操作后,已为出具模拟审计报告收集了充分的证据,根据调整分录和重分类差异分录工作底稿,编制调整后的资产负债表和利润表,在与管理当局沟通的基础上出具模拟审计报告。

一、审计报告模板

审计报告

字〔2021〕　　号

　　　　股份有限公司全体股东:
一、审计意见

二、形成审计意见的基础
我们按照中国注册会计师审计准则的规定执行了审计工作。审计报告的注册会计师对财务报表审计的责任部分进一步阐述了我们在这些准则下的责任。按照中国注册会计师职业道德守则,我们独立于　　　　　　公司,并履行了职业道德方面的其他责任。我们相信,我们获取的审计证据是充分、适当的,为发表审计意见提供了基础。
三、关键审计事项
关键审计事项是根据我们的职业判断,认为对本期财务报表审计最为重要的事项。这些事项的应对以对财务报表整体进行审计并形成意见为背景,我们不对这些事项提供单独的意见。我们在审计中识别出的关键审计事项如下:

关键审计事项	该事项在审计中是如何应对的

关键审计事项	该事项在审计中是如何应对的

第五部分 审计报告及重新编制的会计报表模板

四、其他信息

公司管理层对其他信息负责。其他信息包括　　　年　　月报告中涵盖的信息，但不包括财务报表和我们的审计报告。

我们对财务报表发表的审计意见并不涵盖其他信息，我们也不对其他信息发表任何形式的鉴证结论。

结合我们对财务报表的审计，我们的责任是阅读其他信息，在此过程中，考虑其他信息是否与财务报表或我们在审计过程中了解的情况存在重大不一致或者似乎存在重大错报。基于我们已经执行的工作，如果我们确定其他信息存在重大错报，我们应当报告该事实。在这方面，我们无任何事项需要报告。

五、管理层和治理层对财务报表的责任

管理层负责按照企业会计准则的规定编制财务报表，使其实现公允反映，并设计、执行和维护必要的内部控制，以使财务报表不存在由于舞弊或错误导致的重大错报。

在编制财务报表时，管理层负责评估　　　　　　　公司的持续经营能力，披露与持续经营相关的事项，并运用持续经营假设，除非管理层计划清算　　　　　　　公司停止营运或别无其他现实的选择。

治理层负责监督　　　　　　　公司的财务报告过程。

六、注册会计师对财务报表审计的责任

我们的目标是对财务报表整体是否不存在由于舞弊或错误导致的重大错报获取合理保证，并出具包含审计意见的审计报告。合理保证是高水平的保证，但并不能保证按照审计准则执行的审计在某一重大错报存在时总能发现。错报可能由舞弊或错误所导致，如果合理预期错报单独或汇总起来可能影响财务报表使用者依据财务报表做出的经济决策，则通常认为错报是重大的。

在按照审计准则执行审计的过程中，我们运用职业判断，保持了职业怀疑。同时，我们做了以下工作：

1. 识别和评估由于舞弊或错误导致的财务报表重大错报风险；设计和实施审计程序以应对这些风险；获取充分、适当的审计证据，作为发表审计意见的基础。由于舞弊可能涉及串通、伪造、故意遗漏、虚假陈述或凌驾于内部控制之上，未能发现由于舞弊导致的重大错报的风险高于未能发现由于错误导致的重大错报的风险。

2. 了解与审计相关的内部控制，以设计恰当的审计程序。

3. 评价管理层选用会计政策的恰当性和做出会计估计及相关披露的合理性。

4. 对管理层使用持续经营假设的恰当性得出结论。同时，根据所获取的审计证据，对可能导致　　　　　　　公司持续经营能力产生重大疑虑的事项或者情况是否存在重大不确定性得出结论。如果我们得出结论认为存在重大不确定性，审计准则要求我们在审计报告中提请报表使用者注意财务报表中的相关披露；如果披露不充分，我们应当发表非无保留意见。我们的结论基于截至审计报告日可获得的信息。然而，未来的事项或情况可能导致　　　　　　　公司不能持续经营。

5. 评价财务报表的总体列报、结构和内容，并评价财务报表是否公允反映交易和事项。

6. 就　　　　　　　公司实体或业务活动的财务信息获取充分、适当的审计证据，以对财务报表发表意见。我们负责指导、监督和执行　　　　　　　公司审计，我们对审计意见承担全部责任。

我们与治理层就计划的审计范围、时间安排和重大审计发现等事项进行沟通，包括沟通我们在审计中识别出的值得关注的内部控制缺陷。

我们还就遵守与独立性相关的职业道德要求向治理层提供声明，并与治理层沟通可能被合理认为影响我们独立性的所有关系和其他事项，以及相关的防范措施。

从与治理层沟通的事项中，我们确定哪些事项对本期财务报表审计最为重要，因而构成关键审计事项。我们在审计报告中描述这些事项，除非法律法规禁止公开披露这些事项，或在极少数情形下，如果合理预期在审计报告中沟通某事项造成的负面后果超过在公众利益方面产生的益处，我们确定不应在审计报告中沟通该事项。

　　　　　会计师事务所　　　　　　　　　中国注册会计师：
　　　　　　（盖章）　　　　　　　　　　　　（盖章）
　　中国　　　市　　　　　　　　　　　　中国注册会计师
　　　　　　　　　　　　　　　　　　　　　　（盖章）

　　　　　　　　　　　　　　　　　　　　　年　　月　　日

二、重新编制的资产负债表模板

资产负债表

编制单位：广东南村实业股份有限公司　　　　　　　　　　　　　时间：2021年1月31日　　单位：元

序号	资产	期初余额	期末余额	负债及所有者权益	期初余额	期末余额
1	货币资金	1 368 105.58		短期借款	2 540 000.00	
2	应收账款净额	91 400.00		应付账款	707 000.00	
3	应收票据	156 000.00		预收账款	60 000.00	
4	预付账款	30 000.00		应付票据	58 500.00	
5	交易性金融资产	6 000.00		应付职工薪酬	869 012.44	
6	其他应收款	6 150.00		应交税费	132 231.85	
7	存货	2 293 600.00		其他应付款	8 940.00	
	流动资产合计	3 951 255.58		流动负债合计	4 375 684.29	
8	债权投资	36 000.00		长期借款	1 650 000.00	
9	长期股权投资	24 500.00		非流动负债合计	1 650 000.00	
10	固定资产净值	9 178 919.94		股本	7 558 167.00	
11	工程物资	300 000.00		资本公积	3 582.00	
12	在建工程	350 000.00		盈余公积	41 626.00	
13	无形资产	48 000.00		利润分配	259 616.23	
	非流动资产合计	9 937 419.94		所有者权益合计	7 862 991.23	
	资产合计	13 888 675.52		负债及所有者权益合计	13 888 675.52	

三、重新编制的利润表模板

利润表

编制单位：广东南村实业股份有限公司　　　　　　　　　　　　　　　2021年1月　　单位：元

项目	行次	本月数	本年累计数
一、营业收入	1		
减：营业成本	2		
税金及附加	3		
销售费用	4		
管理费用	5		
研发费用	6		
财务费用	7		
其中：利息费用	8		
利息收入	9		
资产减值损失	10		
加：其他收益	11		
投资收益（损失以"－"号填列）	12		

续上表

项　目	行次	本月数	本年累计数
公允价值变动收益（损失以"－"号填列）	13		
资产处置收益（损失以"－"号填列）	14		
二、营业利润	15		
加：营业外收入	16		
减：营业外支出	17		
三、利润总额	18		
减：所得税费用	19		
四、净利润	20		

第六部分　模拟实训部分参考答案

1. 重分类差异分录：

借：预付账款——广州中胜　　　　　　　　　　　　　　　　　　　　5 000
　　贷：应付账款——广州中胜　　　　　　　　　　　　　　　　　　5 000
借：应收账款——广州国美　　　　　　　　　　　　　　　　　　　　10 000
　　贷：预收账款——广州国美　　　　　　　　　　　　　　　　　　10 000

2. 业务66错误的原因是：有一笔原材料是12 000.00元，但在做成本计算表时录成了120 000.00元，这样直接材料成本就多计算了108 000.00元。

正确的答案如下：

生产车间成本计算单

产品名称：甲产品　　　　　　　　2021年1月　　　　　　　　　　　　　　单位：元
生产部门：生产车间　　　　　完工合格产品数量：5 000个　　　　在产品数量：1 000个

项目	直接材料	直接人工	制造费用	合计
期初在产品成本	0.00	0.00	0.00	
本月生产费用	558 127.20	39 334.46	153 740.36	751 202.02
生产费用合计	558 127.20	39 334.46	153 740.36	751 202.02
完工合格品数量	5 000.00	5 000.00	5 000.00	
在产品数量	1 000.00	1 000.00	1 000.00	
在产品约当量	1 000.00	800.00	800.00	
分配率	93.02	6.78	26.51	126.31
完工产品单位成本	93.02	6.78	26.51	126.31
本月完工产品成本	465 106.00	33 909.02	132 534.79	631 549.81
月末在产品成本	93 021.20	5 425.44	21 205.57	119 652.21

制表：　　　　　　　　　　　　　　　　　审核：

入库单

2021年1月22日　　　　　　　　　　　　　　　　　　　　　　　　　单号：×××
部门：生产车间　　　　　　　　　　　　　　　　　　　　　　　　　　仓库：×××

编号	名称	规格	数量/个	单价	总额/元	备注
	甲产品		5 000	126.31	631 549.81	

合计（大写）：陆拾叁万壹仟伍佰肆拾玖元捌角壹分

仓管员：　　　　　　　　　　财务经理：　　　　　　　　　　仓库经理：

借：库存商品　　　　　　　　　　　　　　　　　　　　　　　　　631 549.81
　　贷：生产成本——甲产品——直接材料　　　　　　　　　　　　　　465 106.00
　　　　生产成本——甲产品——直接人工　　　　　　　　　　　　　　33 909.02
　　　　生产成本——甲产品——制造费用　　　　　　　　　　　　　　132 534.79
调整分录：
借：生产成本——甲产品——直接材料　　　　　　　　　　　　　　　90 000.00
　　贷：库存商品　　　　　　　　　　　　　　　　　　　　　　　　　90 000.00
另外要把生产成本多栏式明细账上的直接材料余额改成 93 021.20 元。

3. 业务 69 由于在业务中多计算了直接材料成本 108 000.00 元，因此库存商品的入库成本也多计算了 90 000.00 元，最终也会影响到库存商品的对外销售成本。

正确的答案如下：

库存商品加权平均单位成本计算表

单位：元

序号	产品名称	期初结存数量	期初结存金额	本期完工入库数量	本期入库金额	加权平均单位成本
1	甲产品	6 000.00	480 000.00	5 000.00	631 549.81	101.05
2	乙产品	12 000.00	840 000.00	5 000.00	591 800.36	84.22
	合计	18 000.00	1 320 000.00	10 000.00	1 223 350.17	

制表：　　　　　　　　　　　　　　　　　审核：

4. 业务 70 由于库存商品成本多入库了 90 000.00 元，导致产品销售成本也多结转了 40 818.20 元，因此要冲回多结转的销售成本。

正确的答案如下：

产品销售成本计算表

单位：元

名称	规格	计量单位	数量	单位成本	总额	备注
甲产品	A-1	个	4 990.00	101.05	504 239.50	
乙产品	B-1	个	6 500.00	84.22	547 430.00	
	合计		11 490.00		1 051 669.50	

制表：　　　　　　　　　　　　　　　　　审核：

调整分录：
借：库存商品——甲产品　　　　　　　　　　　　　　　　　　　　　40 818.20
　　贷：主营业务成本——甲产品　　　　　　　　　　　　　　　　　　40 818.20

5. 根据调整分录，编制的第一次会计科目发生额试算平衡表如下：

第一次会计科目发生额试算平衡表

单位：元

序号	会计科目	借方发生额	贷方发生额
1	银行存款	807 250.00	1 889 187.33
2	预收账款	55 000.00	

续上表

序号	会计科目	借方发生额	贷方发生额
3	主营业务收入		1 623 900.00
4	应交税费（增值税）	272 482.00	212 511.00
5	税金及附加	162 390.00	
6	应交税费（其他）	132 231.85	220 373.11
7	其他应收款	3 000.00	3 000.00
8	库存现金	904.00	7 067.20
9	管理费用	134 707.72	
10	制造费用	256 233.94	256 233.94
11	销售费用	37 072.17	
12	应收票据		156 000.00
13	应付票据	58 500.00	340 130.00
14	主营业务成本	1 051 669.50	
15	财务费用	296.00	
16	材料采购	533 000.00	533 000.00
17	应付账款	234 000.00	1 570 700.00
18	原材料	520 000.00	1 062 000.00
19	库存商品	1 354 168.37	1 182 487.70
20	材料成本差异	17 000.00	15 788.20
21	应付职工薪酬	889 449.45	183 890.79
22	生产成本	1 343 002.38	1 223 350.17
23	其他业务成本	20 222.00	
24	其他业务收入		10 000.00
25	固定资产	1 841 300.00	5 000.00
26	固定资产清理	3 083.41	3 083.41
27	累计折旧	1 916.59	23 196.44
28	资产处置损益	2 283.41	
29	累计摊销		500.00
30	工程物资	480 000.00	480 000.00
31	在建工程	680 000.00	1 030 000.00
32	应收账款	1 141 300.00	
33	其他应付款		1 063.50
合计		12 032 462.79	12 032 462.79

6. 业务75 由于在业务70 中冲减了多结转的产品销售成本，因此此处结转的销售成本为 1 092 487.70 – 40 818.20 = 1 051 669.50 元。

单位：元

序号	会计科目	本期借方发额	本期贷方发生额
1	其他业务成本	20 222.00	
2	主营业务成本	1 051 669.50	
3	税金及附加	178 629.00	
4	财务费用	296.00	
6	其他业务收入		10 000.00
7	主营业务收入		1 623 900.00
8	资产处置损益	2 283.41	
	合计	1 253 099.91	1 633 900.00

借：本年利润　　　　　　　　　　　　　　　　　　　　　1 250 816.50
　　贷：其他业务成本　　　　　　　　　　　　　　　　　　20 222.00
　　　　主营业务成本　　　　　　　　　　　　　　　　　1 051 669.50
　　　　税金及附加　　　　　　　　　　　　　　　　　　　178 629.00
　　　　财务费用——管理费　　　　　　　　　　　　　　　　296.00
借：主营业务收入　　　　　　　　　　　　　　　　　　　1 623 900.00
　　其他业务收入　　　　　　　　　　　　　　　　　　　　10 000.00
　　贷：本年利润　　　　　　　　　　　　　　　　　　　1 633 900.00
借：本年利润　　　　　　　　　　　　　　　　　　　　　　2 283.41
　　贷：资产处置损益　　　　　　　　　　　　　　　　　　2 283.41
调整分录为：
借：主营业务成本　　　　　　　　　　　　　　　　　　　　40 818.20
　　贷：本年利润　　　　　　　　　　　　　　　　　　　　40 818.20

7. 业务76 结转本期实现的利润，由于在业务70 中冲减了当期多结转的产品销售成本，因此对当期的利润表也会产生影响，应当调增本期利润40 818.20 元。

本期损益类有关会计账户发生汇总表

单位：元

序号	会计科目	本期借方发额	本期贷方发生额
1	其他业务成本	20 222.00	
2	主营业务成本	1 051 669.50	
3	税金及附加	178 629.00	
4	管理费用	134 707.72	
5	销售费用	37 072.17	
6	财务费用	296.00	
7	其他业务收入		10 000.00
8	主营业务收入		1 623 900.00
9	资产处置损益	2 283.41	
	合计	1 424 879.80	1 633 900.00

制表：　　　　　　　　　　　　审核：

借：本年利润 168 202.00
　　贷：利润分配——未分配利润 168 202.00
调整分录：
借：本年利润 40 818.20
　　贷：分配利润 40 818.20

8. 第二次会计科目发生额试算平衡表。

单位：元

序号	会计科目	借方发生额	贷方发生额
1	银行存款	807 250.00	1 889 187.33
2	预收账款	55 000.00	
3	主营业务收入	1 623 900.00	1 623 900.00
4	应交税费（增值税）	272 482.00	272 482.00
5	税金及附加	178 629.00	178 629.00
6	应交税费（其他）	192 202.85	236 612.11
7	其他应收款	3 000.00	3 000.00
8	库存现金	904.00	7 067.20
9	管理费用	134 707.72	134 707.72
10	制造费用	256 233.94	256 233.94
11	销售费用	37 072.17	37 072.17
12	应收票据		156 000.00
13	应付票据	58 500.00	340 130.00
14	主营业务成本	1 051 669.50	1 051 669.50
15	财务费用	296.00	296.00
16	材料采购	533 000.00	533 000.00
17	应付账款	234 000.00	1 570 700.00
18	原材料	520 000.00	1 062 000.00
19	库存商品	1 354 168.37	1 182 487.70
20	材料成本差异	17 000.00	15 788.20
21	应付职工薪酬	889 449.45	183 890.79
22	生产成本	1 343 002.38	1 223 350.17
23	其他业务成本	20 222.00	20 222.00
24	其他业务收入	10 000.00	10 000.00
25	固定资产	1 841 300.00	5 000.00
26	固定资产清理	3 083.41	3 083.41
27	累计折旧	1 916.59	23 196.44
28	资产处置损益	2 283.41	2 283.41
29	累计摊销		500.00
30	工程物资	480 000.00	480 000.00
31	在建工程	680 000.00	1 030 000.00

续上表

序号	会计科目	借方发生额	贷方发生额
32	应收账款	1 141 300.00	
33	其他应付款		1 063.50
34	本年利润	1 633 900.00	1 633 900.00
35	利润分配		209 020.20
	合计	15 376 472.79	15 376 472.79

9. 会计科目期末余额试算平衡表。

单位：元

序号	会计科目	期初借方余额	期初贷方余额	本期借方发生额	本期贷方发生额	期末借方余额	期末贷方余额
1	库存现金	25 000.00		904.00	7 067.20	18 836.80	
2	银行存款	1 343 105.58		807 250.00	1 889 187.33	261 168.25	
3	应收账款	92 000.00		1 141 300.00		1 233 300.00	
4	坏账准备	−600.00				−600.00	
5	应收票据	156 000.00			156 000.00	0.00	
6	预付账款	30 000.00				30 000.00	
7	交易性金融资产	6 000.00				6 000.00	
8	其他应收款	6 150.00		3 000.00	3 000.00	6 150.00	
9	材料采购			533 000.00	533 000.00	0.00	
10	库存商品	1 320 000.00		1 354 168.37	1 182 487.70	1 491 680.67	
11	原材料	970 000.00		520 000.00	1 062 000.00	428 000.00	
12	材料成本差异	3 600.00		17 000.00	15 788.20	4 811.80	
13	生产成本			1 343 002.38	1 223 350.17	119 652.21	
14	债权投资	36 000.00				36 000.00	
15	长期股权投资	24 500.00				24 500.00	
16	固定资产	9 664 000.00		1 841 300.00	5 000.00	11 500 300.00	
17	累计折旧	−485 080.06		1 916.59	23 196.44	−506 359.91	
18	工程物资	300 000.00		480 000.00	480 000.00	300 000.00	
19	在建工程	350 000.00		680 000.00	1 030 000.00	0.00	
20	无形资产	60 000.00				60 000.00	
21	累计摊销	−12 000.00			500.00	−12 500.00	
22	固定资产清理			3 083.41	3 083.41	0.00	
23	短期借款		2 540 000.00				2 540 000.00
24	应付账款		707 000.00	234 000.00	1 570 700.00		2 043 700.00
25	预收账款		60 000.00	55 000.00			5 000.00
26	应付票据		58 500.00	58 500.00	340 130.00		340 130.00
27	应付职工薪酬		869 012.44	889 449.45	183 890.79		163 453.78

续上表

序号	会计科目	期初借方余额	期初贷方余额	本期借方发生额	本期贷方发生额	期末借方余额	期末贷方余额
28	应交税费		132 231.85	464 684.85	509 094.11		176 641.11
29	其他应付款		8 940.00		1 063.50		10 003.50
30	长期借款		1 650 000.00				1 650 000.00
31	股本		7 558 167.00				7 558 167.00
32	资本公积		3 582.00				3 582.00
33	盈余公积		41 626.00				41 626.00
34	本年利润			1 633 900.00	1 633 900.00		0.00
35	利润分配		259 616.23		209 020.20		468 636.43
36	主营业务收入			1 623 900.00	1 623 900.00		0.00
37	其他业务收入			10 000.00	10 000.00		0.00
38	资产处置损益			2 283.41	2 283.41		0.00
39	主营业务成本			1 051 669.50	1 051 669.50		0.00
40	其他业务成本			20 222.00	20 222.00		0.00
41	财务费用			296.00	296.00		0.00
42	管理费用			134 707.72	134 707.72		0.00
43	销售费用			37 072.17	37 072.17		0.00
44	税金及附加			178 629.00	178 629.00		0.00
45	制造费用			256 233.94	256 233.94		0.00
	合计	13 888 675.52	13 888 675.52	15 376 472.79	15 376 472.79	15 000 939.82	15 000 939.82

10.

审 计 报 告

字〔2021〕　　号

广东南村实业股份有限公司全体股东：

一、审计意见

我们审计了广东南村实业股份有限公司（简称"南村实业公司"）的财务报表，包括2021年1月31日的资产负债表、2021年1月的利润表及财务报表附注。我们认为，后附的南村实业公司财务报表在所有重大事项方面按照企业会计准则的规定编制，公允反映了南村实业公司2021年1月31日的财务状况和2021年1月的经营成果。

二、形成审计意见的基础

我们按照中国注册会计师审计准则的规定执行了审计工作。审计报告的注册会计师对财务报表审计的责任部分进一步阐述了我们在这些准则下的责任。按照中国注册会计师职业道德守则，我们独立于南村实业公司，并履行了职业道德方面的其他责任。我们相信，我们获取的审计证据是充分、适当的，为发表审计意见提供了基础。

三、关键审计事项

关键审计事项是根据我们的职业判断，认为对本期财务报表审计最为重要的事项。这些事项的应对以对财务报表整体进行审计并形成意见为背景，我们不对这些事项提供单独的意见。我们在审计中识别出的关键审计事项如下：

关键审计事项	该事项在审计中是如何应对的
成本计算错误调整及销售成本结转调整	
1. 多结转了产品入库成本 2. 多结转了销售成本	采用的具体审计程序： 1. 审核了甲产品成本计算单 2. 检查了甲产品入库单 3. 重新计算了甲产品单位销售成本 4. 重新计算了甲产品结转的销售成本

关键审计事项	该事项在审计中是如何应对的
预收账款、预付账款的明细余额重分类差异调整	
1. 有一部分预收账款明细账余额在借方 2. 有一部分预付账款明细账余额在贷方	1. 对一部分预收账款明细账余额在借方的账户进行了重分类差异调整 2. 对一部分预付账款明细账余额在贷方的账户进行了重分类差异调整

四、其他信息

南村实业公司管理层对其他信息负责。其他信息包括2021年1月报告中涵盖的信息，但不包括财务报表和我们的审计报告。

我们对财务报表发表的审计意见并不涵盖其他信息，我们也不对其他信息发表任何形式的鉴证结论。

结合我们对财务报表的审计，我们的责任是阅读其他信息，在此过程中，考虑其他信息是否与财务报表或我们在审计过程中了解的情况存在重大不一致或者似乎存在重大错报。基于我们已经执行的工作，如果我们确定其他信息存在重大错报，我们应当报告该事实。在这方面，我们无任何事项需要报告。

五、管理层和治理层对财务报表的责任

南村实业公司管理层负责按照企业会计准则的规定编制财务报表，使其实现公允反映，并设计、执行和维护必要的内部控制，以使财务报表不存在由于舞弊或错误导致的重大错报。

在编制财务报表时，管理层负责评估南村实业公司持续经营能力，披露与持续经营相关的事项，并运用持续经营假设，除非管理层计划清算南村实业公司停止营运或别无其他现实的选择。

治理层负责监督南村实业公司的财务报告过程。

六、注册会计师对财务报表审计的责任

我们的目标是对财务报表整体是否不存在由于舞弊或错误导致的重大错报获取合理保证，并出具包含审计意见的审计报告。合理保证是高水平的保证，但并不能保证按照审计准则执行的审计在某一重大错报存在时总能发现。错报可能由舞弊或错误所导致，如果合理预期错报单独或汇总起来可能影响财务报表使用者依据财务报表做出的经济决策，则通常认为错报是重大的。

在按照审计准则执行审计的过程中，我们运用职业判断，保持了职业怀疑。同时，我们做了以下工作：

1. 识别和评估由于舞弊或错误导致的财务报表重大错报风险；设计和实施审计程序以应对这些风险；获取充分、适当的审计证据，作为发表审计意见的基础。由于舞弊可能涉及串通、伪造、故意遗漏、虚假陈述或凌驾于内部控制之上，未能发现由于舞弊导致的重大错报的风险高于未能发现由于错误导致的重大错报的风险。

2. 了解与审计相关的内部控制，以设计恰当的审计程序。

3. 评价管理层选用会计政策的恰当性和做出会计估计及相关披露的合理性。

4. 对管理层使用持续经营假设的恰当性得出结论。同时，根据所获取的审计证据，可能导致对南村实业公司持续经营能力产生重大疑虑的事项或者情况是否存在重大不确定性得出结论。如果我们得出结论认为存在重大不确定性，审计准则要求我们在审计报告中提请报表使用者注意财务报表中的相关披露；如果披露不充分，我们应当发表非无保留意见。我们的结论基于截至审计报告日可获得的信息。然而，未来的事项或情况可能导致南村实业不能持续经营。

5. 评价财务报表的总体列报、结构和内容，并评价财务报表是否公允反映交易和事项。

6. 就南村实业公司实体或业务活动的财务信息获取充分、适当的审计证据，以对财务报表发表意见。我们负责指导、监督和执行南村实业公司审计，我们对审计意见承担全部责任。

我们与治理层就计划的审计范围、时间安排和重大审计发现等事项进行沟通，包括沟通我们在审计中识别出的值得关

注的内部控制缺陷。

我们还就遵守与独立性相关的职业道德要求向治理层提供声明,并与治理层沟通可能被合理认为影响我们独立性的所有关系和其他事项,以及相关的防范措施。

从与治理层沟通的事项中,我们确定哪些事项对本期财务报表审计最为重要,因而构成关键审计事项。我们在审计报告中描述这些事项,除非法律法规禁止公开披露这些事项,或在极少数情形下,如果合理预期在审计报告中沟通某事项造成的负面后果超过在公众利益方面产生的益处,我们确定不应在审计报告中沟通该事项。

    会计师事务所   中国注册会计师:

       (盖章)   (盖章)

    中国   市   中国注册会计师

                                                         (盖章)

                                                  年   月   日

调整后的资产负债表:

资产负债表

编制单位:广东南村实业股份有限公司   时间:2021 年 1 月 31 日   单位:元

序号	资产	期初余额	期末余额	负债及所有者权益	期初余额	期末余额
1	货币资金	1 368 105.58	280 005.05	短期借款	2 540 000.00	2 540 000.00
2	应收账款净额	91 400.00	1 232 700.00	应付账款	707 000.00	2 043 700.00
3	应收票据	156 000.00	0.00	预收账款	60 000.00	5 000.00
4	预付账款	30 000.00	30 000.00	应付票据	58 500.00	340 130.00
5	交易性金融资产	6 000.00	6 000.00	应付职工薪酬	869 012.44	163 453.78
6	其他应收款	6 150.00	6 150.00	应交税费	132 231.85	176 641.11
7	存货	2 293 600.00	2 044 144.68	其他应付款	8 940.00	10 003.50
	流动资产合计	3 951 255.58	3 598 999.73	流动负债合计	4 375 684.29	5 278 928.39
8	债权投资	36 000.00	36 000.00	长期借款	1 650 000.00	1 650 000.00
9	长期股权投资	24 500.00	24 500.00	非流动负债合计	1 650 000.00	1 650 000.00
10	固定资产净值	9 178 919.94	10 993 940.09	股本	7 558 167.00	7 558 167.00
11	工程物资	300 000.00	300 000.00	资本公积	3 582.00	3 582.00
12	在建工程	350 000.00	0.00	盈余公积	41 626.00	41 626.00
13	无形资产	48 000.00	47 500.00	利润分配	259 616.23	468 636.43
	非流动资产合计	9 937 419.94	11 401 940.09	所有者权益合计	7 862 991.23	8 072 011.43
	资产合计	13 888 675.52	15 000 939.82	负债及所有者权益合计	13 888 675.52	15 000 939.82

调整后的利润表：

利润表

编制单位：广东南村实业股份有限公司　　　　2021 年 1 月　　　　　　　　　　　　　单位：元

项目	行次	本月数	本年累计数
一、营业收入	1	1 633 900.00	1 633 900.00
减：营业成本	2	1 071 891.50	1 071 891.50
税金及附加	3	178 629.00	178 629.00
销售费用	4	37 072.17	37 072.17
管理费用	5	134 707.72	134 707.72
研发费用	6	0.00	0.00
财务费用	7	296.00	296.00
其中：利息费用	8	0.00	0.00
利息收入	9	0.00	0.00
资产减值损失	10	0.00	0.00
加：其他收益	11	0.00	0.00
投资收益（损失以"－"号填列）	12	0.00	0.00
公允价值变动收益（损失以"－"号填列）	13	0.00	0.00
资产处置收益（损失以"－"号填列）	14	－2 283.41	－2 283.41
二、营业利润	15	209 020.20	209 020.20
加：营业外收入	16	0.00	0.00
减：营业外支出	17	0.00	0.00
三、利润总额	18	209 020.20	209 020.20
减：所得税费用	19	0.00	0.00
四、净利润	20	209 020.20	209 020.20